내가 읽은 수많은 자기계발서 중에서 내 삶에 변화를 일으킨 유일한 책이다.

Carlyn's kindle

이 책은 가장 힘든 시기에 내 삶을 바꿔주었다. 자신의 몸과 마음을 치유하고 삶을 바꾸고 싶다면 반드시 읽어야 할 책이다. *Angie b*

훌륭하다! 삶을 바꾸는 책이다. 미러 워크 덕분에 나 자신과 사랑에 빠졌다. 고마워요, 루이스. *gozigirl*

이 책은 나 자신에게 줄 수 있는 최고의 선물이다. *Maja*

와, 세상에! 정말 엄청난 책이다. 고압세척기로 영혼을 씻어주는 것 같다. 미러 워크는 강력하고, 빠르고, 쉽고, 감동적이다. 앞으로 미러 워크가 어떻게 마술처럼 내 삶을 바꾸고 개선할지 기대된다. 고마워요, 루이스. *CBC*

나는 잘 자고, 채소를 많이 먹고, 매일 명상을 하고, 요가를 가르치고, 내가 좋아하는 법률 일을 하면서 억대 연봉을 번다. 그렇다고 해도 피곤한 건 어쩔 수 없다. 왜 피곤한 것일까? 이제껏 나는 내 눈을 들여다보며 정말로 필요한 것이 무엇인지 생각해본 적은 없었다. 미러 워크를 통해 처음으로 자문했다. 이런 식으로 매일매일 나 자신을 들여다보면 제일 나중에는 과연 무엇이 보일지 매우 궁금하다. *JSmith*

이 책은 당신의 삶을 바꿀 것이다! 나는 이전에 서평을 쓴 적이 별로 없다. 이 책은 몇 백 번이라도 서평을 쓸 가치가 있을 만큼 훌륭하다. 과거의 많은 상처를 잊고 나 자신을 사랑하게 만드는 데 지대한 도움을 주었다고 자신 있게 말할 수 있다. 고맙고 사랑해요, 루이스. *Tony James*

치유와 관련한 루이스 헤이의 책을 여러 권 읽었는데 이 책은 내 감정을 들여다보고 자가 치유할 수 있게 구성되어 있어서 매우 유용하다. 미러 워크는 단순하지만 크나큰 위로를 안긴다. 내면에 잠자고 있던 깊은 상처가 서서히 아물고 있음을 느낀다. Garry Boyer

이 책은 몇 번이고 다시 읽을 수 있다. 미러 워크는 하지 않는 것보다 불완전하더라도 하는 편이 낫다. 삶을 바꾸는 책이다. 너무 좋다! Netc

(원래 별 두 개만 줬었다) 이 책을 다시 읽었다. 심리 상담을 받고 미러 워크를 깊이 탐구해보니 이제 그 가치를 알겠다. 그냥 읽기만 해서는 안 된다. 감정 쓰기를 실천해야 한다. 지금은 이 책에 대한 생각이 완전히 바뀌었다. Tag Jones

미러 워크는 해묵은 감정을 배출하고, 충분히 사랑받을 자격이 있는 나 자신을 있는 그대로 사랑하게 만든다. A Customer

대단히 놀라운 책이다! 나는 다소 산만한 편이었다. 이 책을 읽고 차분하게 나 자신에게 집중하는 것을 배웠다. jay vee zee

대단한 역저다. 이 책이 하라는 대로 따라 하라. 분명히 마음이 치유된다.

Amazon Customer

미러 워크. 실로 엄청나게 효과가 있다. 21일 만에 낡은 습관과 오래된 패턴을 뒤흔들거나 깨부수고 삶의 전반을 달리 보이게 한다. DW

유튜브에서 이 책에 대한 내용을 보고 12년 만에 처음으로 거울 속의 나 자신을 진지하게 바라보았다. 마침 새로운 시도가 필요한 때였다! 정말 도움이 되었다.

Zenobia

마음에 든다. 나 자신을 깊이 들여다보게 해주었다. 크나큰 마음 치유가 되었다.

katieofcolor

실제로 효과가 있다! 9일째 미러 워크를 하고 있는데, 정말 놀랍다! 벌써 훨씬 행복하다! groiben

심리치료사인 루이스가 쓴 책들은 남다르다. 이 책에는 미러 워크뿐만 아니라 감정 쓰기 일지 작성을 할 수 있게 구성되어 있다. 몇 번을 강조해서 추천해도 모자라다. Vivian Taube

미러 워크를 하라! 자신을 아무 조건 없이 사랑하는 일에 얼마나 큰 진전을 이루든지 간에 당신과 세상에 도움이 될 것이다. 자신을 사랑하는 법을 배우는 것이 우리가 할 수 있는 최선의 치유라는 루이스의 말에 동의한다. 미러 워크를 하라!
N. Lowe

이 책은 대단하다! 21일 만에 삶을 바꿀 수 있다는 게 말도 안 되는 것 같지만 실제로 가능하다! 누구나 이 책으로 나처럼 혜택을 볼 수 있다! Quintissa S. Peake

별 5개짜리 책. 이 책은 정말로 대단하다. 내 삶을 확실히 바꿔놓았다. Elyssa Jakim

자신을 사랑하는 일은 언제 시작해도 늦지 않다. 루이스 헤이는 삶의 문제들이 생기는 이유를 알기 쉽게 설명해주며 우리가 자기 자신을 아무 조건 없이 사랑하는 법을 가르쳐준다. 고마워요, 루이스! Philomena Tucker

의욕을 북돋고, 읽기 쉬우며, 대단히 현명한 내용을 담고 있는 좋은 책이다. 정말로 도움이 되고 효과가 있다! 믿어도 좋다. Keren

직접 확인해보라. 나는 이 책 덕분에 자기 발견을 위한 탐험에 나섰으며, 더 머뭇거리지 않고 나 자신과 대면했다. 그 결과 자신감이 생겼고, 마음에 기쁨이 깃들었다. 고마워요. M. Natasha Reid

생각을 바꾸는 쉽고 실용적인 방법이 담겼다. 이 책을 통해 자신을 인정하고 편안하게 받아들이면 삶에 큰 위로가 된다. 새로운 생각과 방향이 써 있어서 매우 마음에 든다. 상담가로 활동하고 있는 나는 이 책을 고객들이 더 빨리 치유되도록 돕는 도구로 활용한다. Sue Brown

미러 워크로 자신을 사랑하라! 이 책은 자신과 다른 사람들을 사랑하고 모든 상황에서 열린 마음을 유지하기 위한 출발점을 제시한다. Priya

지금 거울 앞으로 가라.
당신과 당신이 마주 보고 섰을 때
눈을 맞추는 것부터 시작한다.

당신의 눈을 바라보라.

수많은 사람의 변화를 불러온 미러 매직!
이제 당신 차례다.

미러

나를 위로하고 사랑하게 만드는
마법의 시간

Mirror

거울 속 내 눈을 보며 말을 거는 순간 기적은 시작된다

미러 ·········· 나를 위로하고
·········· 사랑하게 만드는
·········· 마법의 시간

루이스 L. 헤이 지음 | 김태훈 옮김

센시오

행복한 미래를 원하는
당신에게 드린다.

미러 워크로
나를 위로하기를.
있는 그대로의 나를 사랑하기를.

미러 워크로 삶의 기쁨을 체험할 모든 이에게
이 책을 바친다.

거울 속 내 눈을 바라보고
말하는 순간
기적은 시작된다

지금부터 미러 워크Mirror work를 체험할 여러분을 환영한다. 미러 워크는 오랫동안 수많은 사람을 상담해온 필자의 경험과 연구에 바탕을 둔 심리치료 기법이다. 이 방법을 책으로 만난 여러분은 앞으로 거울을 바라보기만 해도 위로가 되고 나 자신에게 사랑을 느끼는 신비한 경험을 할 것이다.

우리가 하는 모든 말과 생각은 하나의 암시다. 혼잣말, 머릿속 대화는 암시의 흐름 즉, 잠재의식에 대한 메시지로 생각과 행동의 습관을 형성한다. 긍정적인 암시는 자신감과 자존감을 북돋고 마음의 평화와 내면의 기쁨을 통해 상처를 치유하는 생각과 관념을 심어준다.

가장 강력한 암시는 거울 앞에서 내 눈을 바라보고 말하는 것이다. 거울은 내가 가진 감정을 보여줄 것이며, 또한 그 감정이 어느 지점에서 저항하는지 아니면 마음을 열고 흐름을 타는지 즉시 느끼게 할 것이다. 거울은 기쁘고 충만한 삶을 살고 싶다면 어떻게 생각을 바꿔야 하는지 분명하게 보여준다.

좋은 일이 일어나면 거울 앞에 서서 "고마워. 정말 잘됐어! 그렇게 해줘서 고마워"라고 말하라. 나쁜 일이 일어나면 거울 앞에 서서 "괜찮아. 사랑해. 이 일은 곧 지나갈 거야. 항상 사랑해"라고 말하라. 대다수 사람의 경우 처음에는 거울 앞에 서서 자신을 대면하기가 어렵다. 그래서 미러 '워크work'라고 일컫는 것이다. 하지만 계속하다 보면 자신을 비판하는 정도가 줄고 미러 워크는 미러 '플레이Play'가 된다. 곧 거울은 당신의 동반자, 적이 아니라 함께 즐기는 소중한 친구가 된다.

거울로 자신의 눈을 들여다보며 암시를 반복하는 미러 워크는 자신을 사랑하고 세상을 안전하면서 애정이 가득한 곳으로 인식하게 만드는 가장 효과적인 수단이다. 그래서 필자는 사람들에게 미러 워크를 할 때는 더더욱 확신에 차 있어야 한다고 강조해왔다.

미러 워크는 당신이 자신에게 줄 수 있는 최고의 애정 어린 선물이다. "안녕"이나 "보기 좋네"나 "재미있지?"라고 말하는 데는 1초밖에 걸리지 않는다. 조금이라도 종일 자신에게 긍정적인 메시지를 주는 일은 대단히 중요하다. 거울을 통해 자신을 칭찬하고, 인정하고, 힘든 때에 격려할수록 자신과의 관계가 더욱 깊어지고 즐거워진다.

미러 워크를 하고 나면 삶을 완전히 바꿀 수 있을까? 완전히는 아니더라도 변화의 씨앗을 심을 수는 있다. 미러 워크를 계속하다 보면 이 씨앗은 기쁘고 충만한 삶으로 가는 문을 열어주는 새롭고 건강한 마음가짐으로 자라난다.
미러 워크를 하는 동안 당신은 평상시에 어떤 말과 행동을 하는지 훨씬 잘 알게 될 것이다. 또한 이전보다 깊이 자신을 보살피는 방법을 배울 수 있다.

거울 앞에서 내 눈을 보고 말하라. 기적이 손에 잡힐 것이다.

그럼 시작해보자.

— 루이스 헤이

차례

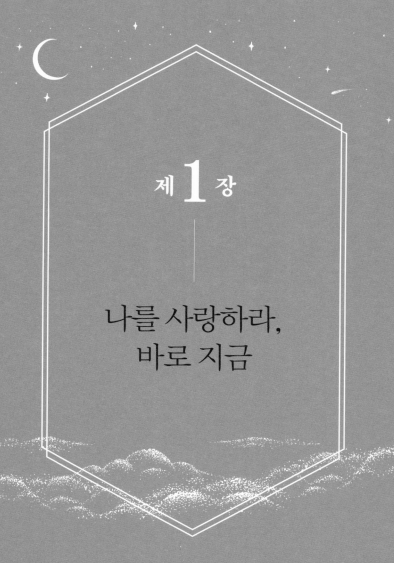

제 **1** 장

―

나를 사랑하라,
바로 지금

Mirror

나를 사랑한다고 말하라

Loving Yourself

나부터 사랑할 준비가 되었는가.
있는 그대로의 내 모습을 받아들이는 것부터 시작하면 된다.
거울을 보고 말하라.
"너를 좋아하고 싶어. 진심으로 너를 사랑하고 싶어."

나부터 사랑하기

삶에서 가장 중요한 관계를 꼽으라면 바로 나와 나 자신이다. 그러므로 나를 사랑하는 연습부터 해야 한다.

우리는 나 자신을 사랑할 능력을 가지고 있다. 또한, 나는 충분히 사랑받을 자격이 있다. 자꾸 자신을 낮추려 하기 때문에 사랑받을 자격이 있다는 사실을 망각해서 그렇지 누구나 있는 그대로 사랑받아야 한다.

나를 받아들이고 인정하라. 삶이 안기는 모든 축복을 누릴 가치와 자격이 있다고 믿어라. 나 자신을 높이 평가하라. 나부터 사랑하라.

온종일 나에게 "너를 사랑할 거야" 반복하기

당신은 매일 거울 앞에 선다. 나부터 사랑하는 일은 거울 앞에 서는 것부터 시작한다. 의아하지 않은가. 거울과 나를 사랑하는 일이 무슨 관계가 있을까?

지금 한번 해보자. 거울 앞에 섰는가? 무엇이 보이는가? 당신의 모습 중에서 가장 빛나고 있는 부분이 어디인가? 그렇다. 눈이다. 내 눈을 바라봐라. 여기까지만 해도 변화가 시작된다. '정말?' '말도 안 돼!'라는 생각이 든다면, 더더욱 거울 앞에 서라. 그리고 내 눈을 바라봐라. 놀랍게도 당신은 거울 속의 눈을 바라보는 것만으로도 자신을 점점 사랑하게 될 것이다. 그 사랑으로 인해 인생이 바뀐다. 이것이 바로 미러 즉, 거울의 힘이다.

이 미러 워크는 너무 쉽고 간단하게 느껴져서 '과연 효과가 있을까?' 의심하게 만들지도 모른다. 심지어 실없다고 생각할 수 있다. 그러나 가장 간단한 일이 가장 중요한 것일 때가 많다. 간단한 일은 아무것도 이뤄줄 수 없다는 잘못된 생각을 조금만 달리해도 삶에 커다란 변화가 생길 수 있다.

미러 워크를 하기 위해 지금부터 매일 다른 주제를 이야기할 것이다. 먼저 그날의 주제에 대한 필자의 생각을 전하고 그다음 하루 종일 실행에 옮길 미러 워크를 제시하고자 한다.

아침에 거울 앞에 서서 미러 워크를 시작한 후 하루 종일 짬이 날 때마다 반복하라. 우연히 길가의 거울이나 유리창에 자신의 모습이 비칠 때나 손거울을 가지고 다니며 틈틈이 해도 좋다.

나는 열려 있고 모든 것을 받아들인다

미러 워크는 내 삶에서 좋은 변화를 일으키려고 하는 것이다. 그러나 자신이 그럴 만큼 가치 있는 사람이라고 생각하지 않는다면 변화는 일어나지 않는다. 내가 홀대하는 나 자신이 거울 앞에서 하는 말을 믿을 리 없지 않은가. 아무리 미러 워크를 반복해도 내가 나 자신의 가치를 인정하지 않으면 '미러 워크는 효과 없어'라고 생각하는 지경에 이를 것이다.

나를 받아들이고 인정하라. 삶이 안기는 모든 축복을 누릴 가치와 자격이 있다고, 나 자신을 높게 평가하라. 나 자신을 믿어라. 그리고 나서 거울 앞에서 되뇌라.

"나는 열려 있고 모든 것을 받아들인다."

미러 워크-감정 쓰기

매일 그날 할 미러 워크를 끝내고 나서 감정 쓰기를 하라고 권한다. 미러 워크를 하고 나서 진전이 있었는지 확인할 수 있도록 생각과 감정을 기록하라. 매일 감정을 쓰는 데 도움이 되도록 〈일지: 감정 쓰기〉 작성 부분에서 몇 가지 질문을 할 것이다. 그에 답해 보라. 어떤 변화가 생길지 기대해도 좋다.

우리 모두는 내면에 강력한 힘을 지니고 있다. 이 힘 즉, 고귀한 자아는 우리의 존재를 뒷받침하고 발전을 안기는 우주적인 힘과 연결되어 있다. 감정 쓰기 일지는 이 힘과 이어지도록 돕는다. 또한 성장과 변화에 필요한 모든 것이 내면에 깃들어 있다는 사실을 깨닫게 한다.

미러 워크를 시작해서 되뇌는 것을 반복하다 보면 나 자신이 실없고 멍청하게 느껴질 수 있으며 화나거나 울고 싶을 수도 있다. 그래도 괜찮다. 사실 그게 정상이다. 당신만 그런 것이 아니다. 미러 워크를 하는 대부분의 사람도 이 모든 과정을 거쳤다. 차차 나아질 것이다.

Loving Yourself
마음에 깃든 사랑을 흘려보내라

사랑으로 둘러싸인 자신의 모습을 그려 보라. 행복하고, 건강하며, 온전한, 당신이 원하는 삶을 자세히 그려 보라. 당신은 그런 삶을 누릴 자격이 있다.

마음에 깃든 사랑을 흘려보내서 몸을 채우고 주위로 퍼져나가게 하라. 사랑하는 사람들이 당신의 곁에 앉아 있는 모습을 그려라.

따뜻한 생각과 함께 왼쪽에 앉아 있는 사람에 대한 사랑을 흘려보내라. 사랑과 지지로 그 사람을 둘러싸고 잘되기를 빌어라.

그다음 가장 가깝다고 여기는 사람에게 당신의 마음에 깃든 사랑을 흘려보내라. 치유의 힘과 사랑, 평화, 빛으로 그를 둘러싸라. 사랑을 계속 흘려보내서 거대한 사랑의 원이 방을 가득 채우게 하라. 사랑이 당신으로부터 흘러나와 몇 배나 커져서 다시 돌아오는 것을 느껴라.

사랑은 세상에서 가장 강력한 치유의 힘이다. 사랑을 세상으로 가져가 만나는 모든 이에게 조용히 나눠줘라. 자신을 사랑하라. 서로를 사랑하라. 지구를 사랑하고 우리 모두가 하나임을 깨달아라. 그렇게 될 것이다.

미러 워크

1 가장 편하게 바라볼 수 있는 거울 앞에 서라.

2 자신의 눈을 들여다보라.

3 심호흡을 하고 이렇게 되뇌라.

"널 좋아하고 싶어. 널 사랑하는 법을 정말로 배우고 싶어.
한번 재미있게 해보자."

4 다시 심호흡을 하고 이렇게 말하라.

"널 정말로 좋아하는 법을 배우고 있어.
널 정말로 사랑하는 법을 배우고 있어."

5 미러 워크를 시작하는 단계에서 다소 어색할 수 있다.
그래도 계속하기 바란다.

심호흡을 하라. 자신의 눈을 들여다보라.
'너' 대신 자신의 이름을 넣어서
"○○○, 너를 사랑하는 방법을 배울 거야"라고 말하라.

6 하루 종일 짬이 날 때마다, 우연히 길가의 거울이나
유리창에 자신의 모습이 비칠 때마다 소리를 내지
않더라도 주문을 외듯 암시를 반복하라.

일지: 감정 쓰기

1 아침에 미러 워크를 끝내고 나서 어떤 감정이 드는지 써라.
화나거나, 흥분되거나, 실없게 느껴지는가?

_____

_____

_____

_____

_____

2 미러 워크를 한 지 6시간이 지난 후에 어떤 감정이 드는지 써라.
정식 혹은 약식으로 미러 워크를 계속하는 동안 내가 나 자신에게
하는 말을 믿기 시작했는가?

_____

_____

_____

_____

_____

3 하루 종일 행동이나 믿음에 생기는 모든 변화를 주시하라. 미러 워크가 더 쉬워졌는가? 혹은 시간이 조금 지난 후에도 여전히 어려운가?

---

4 하루 일과를 마치고 잠자리에 들기 전에 미러 워크를 하면서 알게 된 점을 써라.

거울과 친구 되기

Making Your Mirror Your Friend

'나는 못해'라고 여겨왔던 사고방식을 버려라.
거울을 보고 말하라.
"너는 정말 뭐든지 잘할 수 있어!"
"나는 너를 믿어. 사랑해."

"너를 정말로 사랑해"라고 말하기

당신은 자신을 사랑하고 아끼는 법을 처음 배울 것이다.

조금만 견뎌라. 매일 자신과 삶을 새롭게 바라보는 연습은 당신이 너무나 오랫동안 품었던 오래되고 부정적인 메시지를 지우는데 도움을 준다. 곧 당신은 더 많이 웃을 것이고, 거울을 바라보기가 더욱 쉬워질 것이다. 곧 긍정적인 메시지가 진실처럼 느껴지기 시작할 것이다.

이제 손거울을 꺼내거나 욕실 거울로 가라. 긴장을 풀고 심호흡을 하라. 거울 속 자신의 눈을 바라보라. 자신의 눈을 가까이 볼수록 좋다. 자신의 이름을 넣어서 "○○○, 사랑해. 정말로 사랑해."라고 말하라.

다시 두 번 더 말하라. "사랑해. 정말로 사랑해. 사랑해. 정말로 사랑해."

어떤 기분이 드는가? 이상하고 바보 같은 기분이 든다고 솔직하게 말해도 된다. 원래 처음에는 그렇다. 이렇게 말하기가 아예 어려울 수도 있다. 그래도 괜찮다. 당신은 자신을 무조건적으로 사랑하는 일을 해본 적이 없다. 그런 기분을 자연스럽게 느껴라. 어떤 기분이든 시작이자 아주 반가운 출발점이다.

대개 자신에게 "사랑해"라고 말하기가 어려울 것이다. 그래도 당신은 할 수 있다. 힘들어도 견디는 당신이 대견하다. 앞으로는 더 쉬워질 것이라고 약속한다.

"사랑해"라고 말하기가 너무 어렵다면 약간 더 쉬운 말부터 시작하라. 가령 "널 좋아하는 법을 배울 거야. 널 사랑하는 법을 배우고 있어"라고 말하라.

거울을 바라보고 말할 때 유치원에 있는 내 아이에게 말한다고 상상하라. 자신이 나의 사랑스러운 아이라고 여겨라. 이제 자신의 이름을 넣어서 그 내면의 아이에게 말하라.

"○○○ 사랑해. 정말로 사랑해."

미러 워크를 습관화하기

미러 워크를 할 때는 손수건이나 휴지를 들고 있는 것이 좋다. 미러 워크는 감정을 북돋기 때문이다. 가슴 깊은 곳에서 감정이 올라오는 경우가 많다.

사실 우리는 자신에게 대단히 불친절했는지도 모른다. 그래서 자신을 다시 사랑하기 시작하면 우리가 오랫동안 지녔던 차가운 태도를 인식한다. 이 인식은 슬픈 감정을 불러일으킨다.

슬픔은 배출하면 된다. 감정을 자연스럽게 느끼고, 받아들여라. 나 자신을 평가하지 마라. 미러 워크는 전적으로 자신을 사랑하고 인정하기 위한 것이다.

앞서 아침에 일어났을 때 가장 먼저 미러 워크를 하라고 권했다. 그러나 잠에서 깬 모습이 보기 좋지 않다는 생각에 미러 워크를 하기 싫다고 여길 수 있다. 이 생각 자체가 바로 자신을 섣불리 평가하는 것이다. 미러 워크를 할 때는 자신을 평가하지 않고 거울을 바라봐야 한다.

자신에게 "사랑해"라고 말하기가 어렵다면 아마도 오래되고 부정적인 메시지로 자신을 낮춰왔기 때문일 것이다. 자신을 긍정적으로 평가한다고 자책할 필요 없다.

그저 긴장을 풀고 암시를 하라. 당신이 말하는 암시가 진실임을 명심하라. 실제로 우리는 자신을 평가하지 않을 때 비로소 나를 정말로 사랑할 수 있다.

미러 워크는 하면 할수록 쉬워진다. 다만 그렇게 되기까지 시간
이 걸린다는 점을 명심하라. 그래서 미러 워크를 자주 하는 습관
을 들이라고 말하는 것이다.

아침에 일어났을 때 미러 워크를 하라. 어디든 손거울을 가지고
다니다가 자주 꺼내서 자신에게 애정 어리게 속삭여라.

"나는 훌륭해. 나는 멋져. 나는 사랑하기 쉬워."

나는 그럴 만한 자격이 있다

때때로 우리는 자신을 위해 더 나은 삶을 이루려는 노력을 기울
이지 않는다. 자신에게 그럴 자격이 없다고 여기기 때문이다. 이
런 생각은 어린 시절의 경험에서 나온 것일 수 있다. 혹은 자신
이 처한 현실과 아무 관련 없는 다른 사람의 관념이나 의견에 동
조하는 것일 수 있다.

자격은 더 나은 삶과 아무 관계가 없다. 더 나은 삶을 받아들이
지 않으려는 태도가 문제일 뿐이다. 자격이 있다고 생각하든 아
니든 더 나은 삶을 받아들여라.

Making Your Mirror Your Friend

사랑의 원을 그려라

아주 안전한 곳에 있는 자신의 모습을 그려라. 부담, 고통, 두려
움을 벗어던져라. 오래되고 부정적인 사고 패턴과 중독을 벗어

던져라. 그것들이 당신에게서 떨어지는 모습을 그려라. 그다음 두 팔을 크게 벌리고 "나는 열려 있고 모든 것을 받아들인다"라고 말하는 자신의 모습을 그려라. 당신은 자신에게 원하지 않는 것이 아니라 원하는 것을 명확하게 밝힐 의지를 가지고 있다. 온전하고 건강하며 평온한 자신의 모습을 그려라. 사랑으로 가득한 자신의 모습을 그려라.

이 공간에서 세상의 다른 사람들과 이어진 연결고리를 느껴라. 당신 안의 사랑이 마음에서 마음으로 흘러나가도록 하라. 흘러나간 사랑은 몇 배로 불어나 흘러들어온다는 사실을 인식하라. 모두에게 따뜻한 생각을 전하고 그 생각이 돌아올 것임을 인식하라.

이 세상에서 우리는 미움의 원에 둘러싸이거나, 사랑과 치유의 원에 둘러싸일 수 있다. 모두가 사랑의 원에 둘러싸이고 싶다. 우리 모두가 같은 것을 원한다. 우리는 평화롭고 안전하기를 원하며, 자신을 보람 있게 창의적으로 표현하고 싶어 한다.

세상이 엄청난 사랑의 원으로 변하는 모습을 그려라. 그렇게 될 것이다.

DAY 2　미러 워크
||||||||||||||||||||||||||

1　거울 앞에 서라.

2.　자신의 눈을 들여다보라.

3　자신의 이름을 넣어서 이렇게 말하라.

"○○○, 사랑해. 정말로 사랑해."

4　두 번 혹은 세 번 더 말하라.

"○○○, 정말로 사랑해."

5　이 암시를 거듭 반복하라. 하루에 적어도 100번은 할 수 있어야 한다. 맞다. 하루 100번이다. 많아 보이지만 일단 습관화되면 하루 100번 하기는 매우 쉽다.

6　거울 앞을 지나거나 자신의 모습이 보일 때마다 이 암시를 반복하라.

"○○○, 사랑해. 정말로 사랑해."

일지: 감정 쓰기

1 지금, 갖지 못한 것 중에 무엇을 원하는가?

_____

_____

_____

_____

_____

2 성장기에 어떤 규칙에 의해 원하는 것을 가졌는가? 항상 그만 한 노력을 기울였는가? 잘못을 저지르면 가진 것을 빼앗겼는가?

_____

_____

_____

_____

_____

3 당신에게 살아갈 자격이 있다고 믿는가? 기쁨을 누릴 자격이 있다고 믿는가? 그렇지 않다면 그 이유는 무엇인가?

_____

_____

_____

_____

_____

4 이 질문에 답할 때 어떤 감정이 드는지 인식하라. 그 감정을 써라.

_____

_____

_____

_____

_____

긍정적 암시의 힘

Monitoring Your Self-Talk

당신은 자주 자신에 대한 긍정적인 생각을 뿌리쳐왔다.
이제부터는 자신에 대한 부정적인 생각을 물리쳐라.
거울을 보고 말하라.
"너는 유능하고, 뭐든지 할 수 있어!"

나에게 보냈던 부정적인 혼잣말 바꾸기

이제 당신의 친구인 거울에게 친밀감을 느끼는가? 매일 미러 워크를 하는 만큼 자신을 점점 더 사랑할 수 있다. 또한 긍정적인 암시를 하고 그 내용을 진정으로 믿는 일이 더 쉬워진다.

지금부터 당신이 자신에게 보내는 메시지를 바꾸는 방법을 배울 것이다. 그래야 과거의 부정적인 생각을 지우고 현재를 살아갈 수 있다.

자신을 사랑하는 최선의 방법은 과거의 모든 부정적인 메시지를 버리고 현재를 살아가는 것이다. 그래서 오늘은 당신이 머릿속으로 자신에게 하는 혼잣말을 바꿔볼 것이다.

어린 시절에 접한 메시지는 나의 혼잣말에 영향을 미친다. 내가 머릿속에서 자신에게 하는 혼잣말은 다른 사람에게 하는 말의 토대가 되므로 실로 중요하다.

혼잣말은 내가 살아가는 정신적 여건을 조성하며, 앞으로 접할 경험을 끌어들인다. 자신을 하찮게 보면 삶이 보잘것없어진다. 반대로 자신을 사랑하고 인정하면 삶 자체가 멋지고 즐거운 선물로 기억된다.

미러 워크를 하는 동안 긍정적인 혼잣말을 할 수 있다. 즉, 자신에게 긍정적인 말만 하고 긍정적인 암시만 반복하는 것이다.

어린 시절의 영향으로 부정적인 혼잣말이 떠오르면 긍정적인 말로 바꿔라. 가령 "넌 제대로 하는 게 없어!"는 "나는 유능한 사람이고, 어떤 일이든 감당할 수 있어"라는 암시로 바꿀 수 있다.

자신과 다른 사람의 말에 귀 기울이면 당신이 어떤 말을 하는지 그리고 어떤 방식, 어떤 이유로 말하는지 더 잘 인식할 수 있다. 이 인식은 혼잣말을 몸과 마음을 보살피고 치유하는 암시로 바꾸는 데 도움을 준다.

이 얼마나 자신을 사랑하게 만드는 멋진 방법인가!

이렇게 되뇌라.

"나는 과거에 들었던 모든 부정적인 말들을 버리고 현재를 살아
갈 거야."

"해야 한다"를 "할 수 있어!"로

종종 우리는 어린 시절에 부모나 교사 혹은 다른 권위적인 인물
이 전하는 메시지를 비판 없이 받아들인다. 가령 "아기처럼 울
지 마. 울지 말아야 해" "너는 아직 그 일을 못할 거야. 해야 해"
"왜 집 정리를 하지 않아? 해야 한다고!"와 같은 것들이다. 당신
은 타인에게 사랑받고 싶어서 사람들이 시키는 대로 해왔고, 여
전히 그렇다.

여기에서 주목할 말이 있다. "해야 한다"다. 우리는 "해야 한다"
라는 말을 매우 자주 들어왔다. 필자는 그 말을 들을 때마다 골
치가 아프다. 어떤 사람은 한 문장을 말할 때 "해야 한다"를 열댓
번 넣기도 한다. "해야 한다"에 갇힌 그들은 자신의 삶이 왜 그렇
게 경직되어 있는지, 혹은 왜 이 불행한 상황에서 벗어나지 못하
고 있는지 의아해한다. 그들은 통제할 수 없는 것을 통제하고 싶
어 한다. 그들은 다른 사람이나 자신의 잘못을 탓하느라 바쁘다.
부모나 타인의 "해야 한다"는 말을 지키려고 노력하며 살아가다
보면 어떤 문제에 부닥칠까? 때때로 불행하고 불만스럽다고 느
낄 때 부모나 타인을 원망하기 쉽다. 모든 게 나를 인정하지 않

고 사랑해주지 않은 그들 때문이라며 비난한다. 그러면 자신의 처지, 문제, 좌절 안에 계속 갇힌다.

"해야 한다"가 부정적인 말이라면, "할 수 있어!"는 긍정적인 암시다. 부정적인 말을 긍정적이고 적극적인 암시로 지금 당장 바꿔라. 타인의 "해야 한다"가 아닌 나 자신의 "할 수 있어!"라는 말에 귀를 기울여라.

나 자신에 대한 부정적인 말을 들으면 입 밖으로 내지 마라. 부정이 잦아들도록 모른 척하라. 반대로 긍정적인 말을 들으면 사방팔방 소문내라. 긍정적인 말은 나의 자존감을 높일 수 있으므로 널리 퍼지면 퍼질수록 좋다.

나는 언제나 '할 수 있다'를 선택한다

대다수 사람은 올바른 삶을 살아야 한다는 강박관념에 사로잡혀 여러 가지 경직된 규칙을 세운다. 그것으로 자신을 통제하고 억누른다. "해야 한다"를 머릿속에서 영원히 지워버리자. "해야 한다"는 우리를 죄수로 만드는 말이다. "해야 한다"라는 말을 쓸 때마다 우리는 자신 혹은 다른 사람의 행동을 틀린 것으로 인식한다. 사실상 "좋지 않다"라고 말하는 셈이다.

지금 '해야 하는' 일의 목록에서 뺄 수 있는 것은 무엇인가? '해야 한다'를 '할 수 있다'로 대체하라. 예를 들어, 다음과 같이 적는 것이다.

최고여야 한다. ➡ 최고가 될 수 있다.

청소해야 한다. ➡ 청소할 수 있다.

여행을 가야 한다. ➡ 여행을 갈 수 있다.

책을 읽어야 한다. ➡ 책을 읽을 수 있다.

예뻐져야 한다. ➡ 예뻐질 수 있다.

살을 빼야 한다. ➡ 살을 뺄 수 있다.

'할 수 있다'는 말은 내가 선택할 수 있다는 사실을 깨닫게 한다. 선택은 곧 자유를 뜻한다. 우리가 살면서 하는 모든 일은 선택에 따른 것임을 알아야 한다. 즉, '반드시' 해야 하는 일은 없다. 그 일은 언제나 우리가 원하는 대로 선택할 수 있다.

Monitoring Your Self-Talk
나는 원하는 삶을 살 자격이 있다

사랑으로 둘러싸인 나의 모습을 그려라. 행복하고 건강하며 온전한 자신의 모습을 그려라. 당신이 원하는 삶을 자세히 그려라. 당신은 그런 삶을 누릴 자격이 있다고 믿어라. 그다음 마음에 담긴 사랑을 흘려보내서 온몸을 치유의 힘으로 채워라. 사랑이 방과 집을 가득 채워서 거대한 원을 만들도록 하라. 흘러나왔던 사랑이 다시 흘러들어오며 순환하는 것을 느껴라. 사랑으로 온몸을 씻어 내려라. 당신이 바로 사랑이다. 그렇게 될 것이다.

1 거울 앞에 서라.

2 자신의 눈을 들여다보라.

3 이렇게 되뇌라.

"나는 나에게 애정 넘치게 말할 거야."

4 계속 반복하라.

"나는 나에게 애정 넘치게 말할 거야."

5 어린 시절에 들었던 말 중에 "넌 멍청해" "넌 부족해" 같은 말이 떠오르는가?

이런 부정적인 말을 긍정적인 암시로 바꿔라.

"나는 똑똑해."

"나는 멋진 사람이야."

"나는 사랑스러워."

"나는 훌륭한 창의력 천재야."

6 이런 긍정적인 암시 중에 하나 혹은 두 가지를 골라서 몇 번이고 반복하라. 익숙해질 때까지 계속 되뇌라.

7 종일 거울 앞을 지나거나 유리창에 자신의 모습이 비쳤을 때마다 멈춰 서서 사랑이 담긴 암시를 반복하라.

일지: 감정 쓰기

1 오늘 부정적인 말을 반복했는가? 몇 번이나 했고, 몇 명에게
   말했는지 써라. 이제 내일 그들이 자신에 대해 그리고 주위 모든
   사람에 대해 좋은 감정을 가지는 데 도움을 줄 긍정적인 말을 적어라.

2 "해야 한다"라고 적어라. 그 옆에 대신 쓸 수 있는 말들을 써라. "할 수 있다"와 같은 말부터 시작할 것을 권한다.

_____

_____

_____

_____

_____

_____

3 오늘 익힌 새롭고 긍정적인 암시를 적어라. 그것을 거울에 붙이고 볼 때마다 그대로 되뇌라.

_____

_____

_____

_____

_____

_____

과거를 떠나보내는 법

Letting Go of Your Past

떠나보내고 싶은 과거가 있는가.
떠올리면 분노와 후회로 가득한 그때의 기억.
그 과거를 탓하지 마라, 용서하고 나아가라.
"후회스러운 과거를 잊고 평온해질 거야!"라고 되뇌라.

부정적인 과거 안에 상처가 있다

어린 시절부터 우리가 접한 모든 메시지, 우리가 한 모든 말, 우리가 한 모든 행동, 우리가 겪은 모든 일은 우리의 중심부, 내장, 명치에 기록되고 저장된다.

필자는 이에 크고 작은 상처들이 포함된다고 생각한다. 우리가 한 모든 생각과 경험은 그 상처들이 속한 파일에 저장된다고 상상하곤 한다.

많은 사람이 '나는 부족해' '나는 절대 해내지 못해' '나는 제대로 하는 게 없어' 같은 라벨이 붙은 파일을 쌓아왔다. 우리는 오래되고 부정적인 파일에 파묻혀 있다.

오늘 우리는 이 상처들을 떠나보낼 것이다. 미러 워크를 통해 새로운 메시지를 중심부, 내장, 명치로 보낼 것이다. '지난 일을 잊어버릴 거야' '누구도 탓하지 않겠어' '용서할 준비가 되었어'와 같은 메시지를 말이다.

상처들은 이 새로운 메시지를 받고 "이게 뭐지? 어느 파일에 넣어야 해? 한 번도 본 적이 없는 거야"라고 말할지도 모르겠다.

과거의 장벽과 벽돌을 무너뜨리기

행복하고 충만한 삶을 살지 못하도록 막는 과거의 장벽은 무엇인가? 자신과 과거를 용서하지 못하도록 막는 과거의 벽돌은 무엇인가? 매일 상처를 남긴 과거를 잊고 하루를 시작하는 일이 얼마나 행복한지 상상할 수 있겠는가?

당신은 이미 미러 워크를 통해 그 일을 시작했다. 당신은 매일매일 과거의 장벽과 벽돌을 치우고 있다. 거울 앞에서 암시를 할 때마다 또 다른 장벽과 벽돌이 무너진다.

우리가 이 장벽과 벽돌이 무엇인지 모르는 이유는 무엇을 떠나보내야 할지 갈등하기 때문이다. 우리는 살아가면서 어떤 일이

제대로 되지 않고 있는지, 내가 진정으로 원하는 것이 무엇인지 안다. 그러나 제대로 일을 해내기 위해, 진정으로 원하는 것을 이루기 위해 무엇이 나의 발목을 붙잡고 있는지는 잘 모른다.

우리 삶을 이루는 모든 것은 우리의 정체성을 비추는 거울이다. 내가 듣는 말, 나의 경험 등은 내면에 나 자신에 대한 믿음을 만든다.

예를 들어, 내가 만나는 사람들이 나에 대해 평가하는 것을 통해 나는 나 자신에 대한 믿음을 가진다. 당신이 직장 동료들에게 항상 비판받는다면, 당신은 자신이 비판적인 태도를 지녀서라고 믿을 것이다. 또는 어린 시절에 나를 비판하던 부모를 닮아서 그렇다고 여길지도 모른다.

명심하라. 당신의 삶에서 일어나는 일이 불편하게 느껴진다면 내면을 들여다보고 성찰할 기회다.

'나는 왜 이 일을 초래했을까?'

'나 자신과 과거를 용서하고 지난 일들로부터 벗어나 앞으로 나아가는 법을 배울 수 있을까?'

이렇게 암시하자.

"나는 과거의 제약과 상처를 떠나보냈고, 이제 평온하다."

나는 떠나보낼 수 있다

우리는 살아가는 데 도움이 되기 때문에 습관과 패턴을 만든다.

우리가 부모를 벌주고 싶어서 얼마나 많은 병을 만들어내는지 모른다. 의식적으로 그러는 것은 아니기도 하고, 사실 대부분은 의식적으로 이뤄지지 않는다. 그러나 내면을 들여다보면 패턴을 찾을 수 있다.

우리는 종종 삶의 특정한 영역을 어떻게 다룰지 몰라서 부정적인 태도를 만든다. 만약에 그렇다면 이렇게 자문하라.

"나는 왜 후회하는 걸까?"

"누구에게 분노하는 걸까?"

"무엇을 피하려는 걸까?"

"왜 이런 태도가 나를 구해줄 거라고 생각할까?"

떠나보낼 준비가 되지 않았는가? 도움이 될 거라고 생각해서 계속 붙들고 싶은가? 그렇다면 결국 떠나보내지 못할 것이다. 그러나 떠나보낼 준비가 되었고, 미련을 놓아버린다면 놀랄 만큼 쉽게 벗어날 수 있다.

Letting Go of Your Past
치유의 문을 활짝 열고, 그 안으로 들어서라

앞으로 10년 동안 과거에는 이해하지 못했던 거대한 치유를 받을 수 있는 새로운 문이 열리는 모습을 그려라. 우리는 지금 내면에 지닌 모든 엄청난 능력을 알아가는 과정에 놓여 있다. 또한 우리는 답을 보여주고 최선의 모습으로 이끌고 인도할 우리 안의 부분들과 접촉하는 방법을 배우고 있다.

새로운 문이 활짝 열리고 그 안으로 들어가 다양한 방법으로 치유 받는 모습을 상상하라.

사람마다 다른 방법으로 치유 받는다. 몸 치유가 필요할 수도 있고, 마음 치유가 우선시되어야 하는 사람도 있다. 정신 치유를 먼저 받아야 하는 사람도 있다.

이렇게 우리는 각자에게 필요한 치유를 열린 자세로 받아들인다. 우리는 성장을 위한 문을 활짝 열고 안전하다는 사실을 알기에 그 안으로 들어선다. 그렇게 될 것이다.

미러 워크

1 거울 앞에 서라.

2 심호흡을 하라. 숨을 내쉴 때 온몸의 긴장을 풀어라.

3 이마를 보며 머릿속에서 연주되는 모든 오래된 믿음과
부정적인 생각의 CD를 꺼내는 단추를 누른다고
상상하라. 손을 뻗어라. 이 CD를 머릿속에서 꺼내
던져버려라.

4 이제 눈동자를 깊이 들여다보며 이렇게 말하라.
"긍정적인 믿음과 암시가 담긴 새 CD를 만들자."

5 이를 크게 말하라.
"나는 상처를 준 과거를 잊을 거야. 나는 모든 긴장을
없앨 거야. 모든 두려움, 모든 분노, 모든 죄책감, 모든
슬픔을 벗어던질 거야. 나는 오래된 제약과 부정적인
믿음을 떠나보낼 거야. 그래서 평온해질 거야. 나는
평온해. 나의 삶은 평온해. 나는 안전해."

6 이 암시를 2~3번 반복하라.

7 하루 종일 힘든 생각이 날 때마다 손거울을 꺼내서 이
암시를 반복하라. 이 암시에 익숙해져서 이렇게 하는
것을 일과로 삼아라.

일지: 감정 쓰기

1 필자가 보기에 우리 삶의 대다수 문제는 네 가지 이유로 생긴다.
비판적 태도, 두려움, 죄책감, 후회가 바로 그것이다. 일지에 4개의
칸을 만들고 각 칸에 이로 인해 일어난 문제를 하나씩 적어라. 그
문제가 당신의 삶에 어떤 영향을 끼치는지 생각해봐라. 해당 칸에
각각의 문제에 대한 생각과 감정을 적어라.

문제를 불러온 태도	일어난 문제	삶에 끼친 영향
비판적 태도		
두려움		
죄책감		
후회		

2 1단계에서 가장 많은 내용을 적은 두 가지의 감정을 골라라. 그 감정에 대한 긍정적인 암시를 적어라. 가령 후회가 이 두 가지의 감정 중에 하나라면 이런 식으로 긍정적인 암시를 쓸 수 있다.

이제 나는 모든 아픔과 후회를 벗어던진다.

후회를 많이 벗어던질수록 더 큰 사랑을 베풀 수 있다.

3 우리 삶을 이루는 모든 것은 우리의 정체성을 비추는 거울이다. 삶에서 당신을 가장 힘들게 하는 사람들을 생각하라. 그들의 어떤 점이 당신을 가장 괴롭히는가? 그 내용을 적어라.

나를 힘들게 하는 사람들	
나를 힘들게 하는 이유	

4 3단계에서 나를 힘들게 한 사람들의 어떤 점 때문에 고통스러운지 살펴라. 그들로 인해 내가 나 자신을 어떻게 여기게 되었는지 써라. 이 미러 워크를 하는 동안 자신에 대해 알게 된 점을 적어도 좋다.

_____

_____

_____

_____

_____

_____

_____

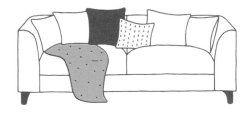

처음부터 끝까지 사랑이다

Building Your Self-Esteem

깊이 사랑하는 사람을 대하듯이 나를 아껴라.
내가 나를 존중해야 타인도 나를 배려한다.
거울을 보고 확신 있게 말하라.
"너는 충분히 훌륭해. 사랑받을 자격이 있어!"

사랑은 기적을 불러온다

나의 몸, 마음, 영혼 자체를 사랑하는 일은 크나큰 기적을 불러
온다. 이를 믿고 더욱더 자신을 사랑하는 방법을 배워 보자.

오늘 아침에 일어났을 때 기분이 어땠는가? 거울을 볼 때 미소
를 지으며 "사랑해. 정말로 사랑해"라고 말했는가? 이 암시를 믿
기 시작했는가? 미러 워크를 며칠만 해도 이미 삶에 변화가 일
어났다는 사실을 알 수 있다. 오늘 당신은 아마 조금 더 많이 웃

을지도 모른다. 거울 속에서 당신의 아름다운 얼굴을 볼 때 훨씬 기분이 좋아질지 모른다. 자신에 대해 훨씬 긍정적인 감정을 느낄지 모른다. 거울 앞에 섰을 때, 마주 본 사람을 사랑하고 인정하기 시작했는가?

사랑은 엄청난 기적의 치유제다. 우리 자신을 사랑하는 일은 삶에서 기적을 일으킨다. 필자는 어떤 문제든 최선의 해결법은 자신을 사랑하는 것임을 깨달았다. 자신을 사랑한다는 것은 안팎으로 나에 대한 모든 것을 깊이 존중한다는 뜻이다. 또한 몸과 마음 그리고 영혼이라는 기적에 깊이 감사한다는 뜻이다. 그리고 감사하는 마음이 가득 차서 가슴이 터질 만큼 살아가는 기쁨이 흘러넘친다는 뜻이다.

자신을 끝없이 꾸짖고 비판하는가? 자신을 사랑할 수 없다고 믿는가? 혼란과 무질서 속에서 사는가? 당신을 무시하는 연인과 동반자를 만나고 있는가? 건강에 해로운 음식과 스트레스로 나의 몸을 학대하는가? 이제부터 이런 상황을 벗어나라. 탈출하라. 그러지 못하면 진정으로 나를 사랑할 수 없다.

나의 가치 인정하기

어떤 식이든 자신의 가치를 부정하는 것은 나를 사랑하지 못한 행위다. 적절한 예로 한 여성의 이야기를 들려주겠다.

R은 콘택트렌즈를 꼈다. 그녀는 미러 워크를 하면서 어린 시절부터 품었던 오래된 두려움을 벗어던지기 시작했다. 며칠 후 그녀는 콘택트렌즈가 너무 거슬려서 더는 낄 수 없다고 투덜거렸다. 그래서 콘택트렌즈를 빼버렸다. 그런데 정작 콘택트렌즈를 빼고 주위를 둘러보니 모든 것이 선명했다. 그녀는 종일 "믿을 수가 없어"라는 말을 반복했다. 이 말은 일종의 암시였다. 다음 날, 그녀는 주위가 잘 보이지 않아서 다시 콘택트렌즈를 껴야 했다.

그녀는 시력을 회복했다는 사실을 믿지 않으려 했고, 이 불신은 사실이 되었다. 우주는 그녀가 원하는 것을 준 셈이다. 우리의 암시는 이토록 강력하다.

당신이 아기였을 때 얼마나 완벽했는지 생각해보라. 아기는 완벽해지기 위해 어떤 일도 할 필요가 없다. 아기들은 이미 온전하며, 그 사실을 아는 것처럼 행동한다. 아기는 자신이 우주의 중심임을 안다. 아기들은 원하는 것을 요구하는 데 주저하지 않는다. 그들은 자유롭게 감정을 표현한다. 아기의 기분은 그 누구라도 금세 알아차릴 수 있다. 울기라도 하면 온 동네 사람들은 아기가 어딘가 불편하구나, 예측할 수 있다.

아이가 행복해할 때도 바로 알 수 있다. 아기들의 웃음은 방 안을 환하게 밝힌다. 그들의 표정은 사랑으로 가득하다.

작디작은 아기는 사랑을 받지 못하면 죽고 말 것이다. 우리는 나

이가 들면 사랑 없이 사는 법을 배우거나 배우려고 노력한다. 그러나 아기는 사랑이 없는 것을 견디지 못한다. 아기는 자기 몸의 모든 부분을 사랑한다.

당신도 한때는 그랬다. 우리 모두가 그랬다. 그러다가 우리는 두려움을 습득한 주위 어른들에 의해 우리 자신이 자체만으로도 훌륭한 존재라는 사실을 부인하기 시작했다.

지금부터 나의 가치를 깎아내리는 모든 비판과 부정적인 혼잣말을 제쳐둬라. 나를 질책하는 마음가짐을 벗어던져라. 나에 대한 다른 사람들의 힐난을 무시하고 잊어라.

이렇게 암시하라.

"나는 충분히 훌륭하다. 나는 사랑받을 가치가 있다."

'이렇게 뚱뚱한데 어떻게 나 자신을 인정해?'라거나 '그런 생각을 억지로 하는 게 바보 같아'라거나 '나는 많이 부족해'와 같은 부정적인 생각이 떠오르면 저항하거나, 맞서 싸우거나, 평가하지 마라. 그냥 놔둬라. 당신이 정말로 경험하고 싶은 일, 바로 자신을 사랑하고 인정하는 일에 집중하라. 중간에 끼어드는 다른 생각들은 슬며시 떠나보내고 '나는 자신을 사랑하고 인정한다'라는 생각을 계속하라.

미러 워크는 진정한 정체성의 핵심으로 돌아가기 위해 하는 것이다. 우리의 내면은 자신을 평가하고자 하는 것이 아니라 진정한 자아를 찾고 싶어 한다.

나는 나로 사는 게 좋다

누구에게도 비판받지 않고 살아갈 수 있다면 얼마나 행복할까? 평온하고 편안하지 않을까? 아침에 일어나면 모두가 당신을 사랑하고 누구도 당신을 무시하지 않으니 멋진 하루를 보낼 것임을 예감할 것이다. 마냥 기쁠 것이다.

당신은 자신에게 이런 생활을 안길 수 있다. 나 자체를 인정하면 된다. 나 자신을 사랑하는 일에 집중하라.

'나는 나를 사랑하고 인정한다'는 생각을 계속하면 나 자신과 함께 하는 생활 자체가 최고의 행복일 것이다. 아침에 일어나면 시작되는 하루를 사랑하는 나와 함께 할 수 있는 기쁨을 누릴 수 있다.

Building Your Self-Esteem
자존감을 키우는 암시

다음과 같은 암시로 나의 자존감을 키우고 가치를 높이자.

> "나는 모든 상황을 나에게 맞출 수 있다."
> "나는 나에 대해 만족한다."
> "나는 나에게 사랑받을 가치가 있다."
> "나는 내 두 발로 당당하게 선다."
> "나는 나의 힘을 받아들이고 활용한다."

"나 자신을 위해 목소리를 낸다."

"나는 지금 이대로, 바로 여기서 사랑받고 받아들여진다."

"나는 나를 존중하므로 자존감이 높다."

"내 삶은 매일 더 나아진다. 앞으로 다가올 시간들이 기대된다."

"나는 부족하지도, 넘치지도 않는다. 나의 가치를 누구에게도 증명할 필요가 없다."

"내 삶은 가능한 모든 방식을 총동원해서 나를 뒷받침한다."

"나의 의식은 나의 경험을 반영하는 긍정적이고, 건강하고, 사랑이 넘치는 생각으로 가득하다."

"내가 나에게 줄 수 있는 최고의 선물은 무조건적인 사랑이다. 나는 지금 이대로의 나를 사랑한다. 나는 더는 나를 사랑하기 위해 완벽해지기를 기다리지 않는다."

미러 워크

1 거울 앞에 서라.

2 자신의 눈을 들여다보라.

3 이렇게 되뇌라.

"나는 나를 사랑하고 인정한다."

4 계속 반복하라.

"나는 나를 사랑하고 인정한다."

5 하루에 적어도 100번 이 암시를 반복하라. 그렇다.
100번이다.

"나는 나를 사랑하고 인정한다"를 당신의 주문으로
만들어라.

6 하루 종일 몇 번이나 거울 앞에 설 수 있을까? 거울
앞을 그냥 스쳐 지나치지 말고, 잠시 서서 이 암시를
반복하라. 자신의 모습이 비치는 곳이라면, 멈춰서
말하라.

"나는 나를 사랑하고 인정한다."

일지: 감정 쓰기

1 나 자신에 대한 사랑이나 자존감이 부족한 부분을 써라. 당신의
몸에 대해 비판적인가? 자신을 무시하는 말을 했는가?

_____

_____

_____

_____

_____

2 다른 사람들에게 들은 당신에 대한 부정적인 의견들을 기록하라.
그다음에 그들의 의견을 긍정적인 진술로 바꿀 수 있는 암시를
써라. 가령 '엄마는 내가 뚱뚱하다고 생각한다' 옆에 '나는 지금
이대로도 아름답다'라고 적는 것이다.

_____

_____

_____

_____

_____

3 내가 나 자신을 사랑하는 모든 이유를 적어라. 사람들이 당신과
같이 있고 싶어 하는 모든 이유를 적어라.

_____

_____

_____

_____

_____

_____

_____

_____

_____

_____

_____

4 이 목록을 매일 볼 수 있는 곳에 붙여둬라.

6

평가와 비판을
멈추는 순간

Releasing Your Inner Critic

나는 나의 단점에 집착했다.
늘 신경을 곤두세우며 뭔가를 고치려 했다.
거울을 보고 암시하라.
"오늘부터 나는 나 자신을 평가하고 비판하는 습관을 버릴 거야!"

나 자신을 불쌍하게 만드는 습관, 평가와 비판

지금부터 자신을 평가하고 비판하는 습관을 벗어버리는 방법을
가르쳐주겠다. 더불어 자신을 깎아내리고 싶어 하는 욕구를 물
리치는 방법을 배워 보자.

오늘 거울을 바라보고 잠시 자신에게 축하의 말을 전하라. 당신
은 자신을 사랑하고 인정하는 법 혹은 적어도 그럴 의지를 갖는
방법을 배우고 있다. 어디까지 왔든 지금까지 이룬 진전을 축하

하라. 여기까지 미러 워크를 해낸 당신의 의지에 박수를 보낸다. 미러 워크를 계속할수록 혼잣말대로 되어가는 자신을 발견할 것이다. 오늘 나의 내면이 하는 말을 녹음한 후 들어 보면 어떤 내용일까?

"나는 너무 멍청해."

"나는 너무 어설퍼."

"누구도 내 의견을 묻지 않아."

"왜 이리 생각 없는 사람들이 이렇게 많을까?"

이런 부정적인 암시인가? 내면의 목소리가 계속해서 세상만사에 대해 투덜대는가? 비판적인가? 모든 것을 평가하는가? 독선적인가?

많은 사람이 쉽게 벗어나기 어려운 '평가하기'와 '비판에 집착'하는 강력한 습관에 길들어 있다. 필자 역시 과거에는 끊임없이 불평하며 자기 연민에 빠져 살았다. 그때는 그게 옳은 줄 알았다. 그런 태도가 나 자신을 불쌍하게 만드는 상황을 지속시킨다는 사실을 몰랐다.

자신에 대한 평가와 부정적인 혼잣말을 명확하게 인식하고 최대한 빨리 내면의 비판자를 내보낼 수 있게 해주기 때문에 미러 워크는 대단히 중요하다. 자신을 끌어내리고 싶은 욕구를 물리치지 않으면 결코 나를 사랑할 수 없다.

내면의 비판자 내보내기

아기였을 때를 기억해보라. 그때 당신은 온몸과 마음이 활짝 열려 있었다. 아기인 당신은 경이로운 눈으로 세상을 바라보았다. 무섭거나 해 끼치는 존재가 없는 한 아기는 삶을 있는 그대로 받아들였다. 그런데 성장하면서 다른 사람의 의견을 받아들여 자신의 것으로 만들기 시작했고, 비판하는 법을 배웠다.

필자 역시 그랬다. 그러다 보니 나를 사랑할 수 없었고 달라지고 싶었다. 나는 내가 하는 말에 귀를 기울이는 것부터 시작했다. 나의 내면에 비판자가 있음을 인식하고 자기비판을 멈추려고 애썼다. 또한 어떤 결과가 나타날지 모른 채 거울 앞에서 긍정적인 암시를 하기 시작했다. 그저 몇 번이고 암시를 반복했다.

처음에는 "나는 나를 사랑한다. 나는 나를 인정한다"처럼 쉬운 것부터 했다. 나중에는 "나의 의견은 가치 있다. 나는 나를 비판하고 싶은 욕구를 버린다. 나는 다른 사람을 비판하고 싶은 욕구를 버린다"로 내용을 바꿔 암시를 계속했다.

그리고 얼마 후 긍정적인 변화가 일어나기 시작했음을 인식했다. 나 자신에게 깊은 애정이 생겼다. 다른 사람의 단점보다 장점을 먼저 보게 되었다.

당신도 내면의 비판자를 내보내면 필자와 같은 변화를 인식하게 될 것이다. 필자는 비판이 우리의 영혼을 위축시킨다고 믿는다. 비판은 '나는 많이 부족해'라는 믿음을 강화한다. 또한 우리가 지닌 최선의 모습을 끌어내지 못한다. 내면의 비판자를 내보내면 자신이 지닌 최고의 모습을 발견할 수 있다.

그러면 확인해보자. 머릿속에서 긍정적인 암시가 담긴 테이프를 트는 법을 익혔는가? 생각에 주의를 기울이고 부정적인 생각을 긍정적인 암시로 바꾸고 있는가?

미러 워크를 하면 내면의 목소리가 자신에게 하는 말이 더 잘 들린다. 그러면 항상 자신을 괴롭히고 싶은 욕구로부터 벗어날 수 있다. 또한 더는 다른 사람을 비판하지 않게 된다.

당신이 자신을 있는 그대로 받아들이면 자동으로 다른 사람도 있는 그대로 받아들이게 된다. 그들의 사소한 습관이 더는 거슬리지 않는다. 다른 사람을 자기가 원하는 대로 바꾸려는 욕망이 사라진다. 당신이 다른 사람을 평가하지 않으면 그들도 당신을 평가하려 들지 않는다. 모두가 자유로워진다.

우리의 감정은 사고의 발현이다. 감정에 대해 죄책감이나 수치심을 느낄 필요가 없다. 감정은 나름대로의 기능을 한다. 몸과 마음에서 부정적인 생각을 배출하면 내면에 보다 긍정적인 감정과 경험이 들어설 여지가 생긴다.

이렇게 암시하라.

"이제는 내면의 비판자를 내보내고 사랑을 받아들여도 괜찮아."

비판으로 나를 학대하지 마라

우리는 내 삶에서 받아들일 수 없고 사랑할 수 없는 부분이 있다고 생각한다. 우리는 나의 어떤 측면에 분노할 때 종종 자신을 학대한다.

가령 술이나 담배 혹은 약물에 의지한다. 과식을 한다. 심하게 자책한다. 다른 어떤 행위보다 큰 상처를 남기는 최악의 행동은 내가 나를 비판하는 것이다.

모든 비판을 멈춰야 한다. 자신을 비판하는 습관에서 벗어나면 다른 사람도 비판하지 않게 된다. 우리는 모든 사람이 나 자신을 반영하며, 다른 사람에게서 보는 모습을 자신에게서도 발견한다는 사실을 깨닫는다.

다른 사람에 대해 불평하는 이유는 나 자신이 불만족스럽기 때문이다. 나를 있는 그대로 사랑하고 받아들이면 나나 타인에 대해 불평할 이유가 없다. 자신에게 혹은 타인에게 상처를 입히지 않아도 된다.

앞으로 더는 그 어떤 것도, 그 누구에 대해서도, 무엇보다 나 자신을 비판하지 않겠다고 맹세하자.

Releasing Your Inner Critic
나는 완벽하고 온전하며 훌륭하다

완전해지려면 나 자신의 모든 부분을 받아들여야 한다. 마음을 열어서 당신이 자랑스러워하는 부분, 창피해하는 부분, 배척하는 부분, 사랑하는 부분 등 모든 부분이 들어갈 충분한 여지를 만들어라. 이 모든 부분이 바로 당신이다. 당신은 훌륭하다. 우리 모두가 그렇다. 마음이 자신에 대한 사랑으로 가득 차면 다른 사람과 나눌 것이 많아진다.

이제 사랑이 방을 가득 채우고 당신이 아는 모든 사람에게 뻗어나가도록 하라. 당신이 소중히 여기는 사람들을 방으로 모아라. 그다음에 당신의 마음에서 흘러넘친 사랑을 받게 하라.

그들의 내면에서 춤추는 아이의 모습을 보라. 내면에 깃든 천진난만한 모습을 드러내는 그 아이는 넘치는 기쁨에 뛰어오르고, 소리치며, 몸을 날린다. 당신의 내면에 있는 아이도 다른 아이들과 함께 놀게 하라. 당신의 아이도 춤추게 하라. 당신의 아이에게 안전하고 자유롭다는 느낌을 주어라. 당신의 아이가 꿈꾸는 모든 것을 이루게 하라.

당신은 완벽하고, 온전하며, 완전하다. 당신은 멋진 세계에 있으며 모든 일이 잘 풀린다. 그렇게 될 것이다.

DAY 6 미러 워크

1 안전하게 느껴지고, 방해받지 않으며, 거울이 있는 조용한 곳을 찾아라.

2 거울을 바라보라. 자신의 눈을 들여다보라. 아직 그렇게 하기가 불편하다면 입이나 코에 집중하라. 내면의 아이에게 말을 걸어라. 그 아이는 자라나서 꽃을 피우고 싶어 하며, 사랑과 수용 그리고 칭찬을 필요로 한다.

3 이렇게 말하라.

"사랑해. 네가 최선을 다하고 있다는 걸 알아. 너는 있는 그대로도 완벽해. 널 인정해."

4 내면의 목소리가 덜 비판적이라고 느껴질 때까지 이 훈련을 여러 번 하라. 자신을 위한, 옳은 일을 하라.

일지: 감정 쓰기

1 당신이 자신을 비판하는 다섯 가지 일을 적어라.

_____

_____

_____

_____

_____

_____

_____

2 각 항목 옆에 해당 항목으로 자신을 비판하기 시작한 날짜를 적어라. 정확한 날짜가 기억나지 않으면 어림짐작으로 해도 좋다.

3 당신이 얼마나 오랫동안 자신을 괴롭혔는지 놀랍지 않은가? 자신을 비판하는 습관은 어떤 긍정적인 변화도 일으키지 못한다. 그렇지 않은가? 비판은 효과가 없다! 단지 기분을 나쁘게 만들 뿐이다. 그러니 당장 멈춰라.

4 각 항목에 적힌 비판을 긍정적인 암시로 바꿔라.

_____

_____

_____

_____

_____

_____

_____

5 이 목록을 가지고 다녀라. 당신이 자신을 평가하려 들 때 목록을
꺼내서 암시의 내용을 여러 번 읽어라. 거울 앞에서 크게 읽으면 더
좋다.

7

거울 속 당신의 눈을
바라보라

Loving Yourself:
A Review of Your First Week

그동안 미러 워크를 실행한 당신이 자랑스럽다.
당신의 눈을 바라보며 미러 워크를 계속하라.
"이제 나는 새로운 공간으로 기꺼이 들어갈 거야."

당신은 서서히 변하고 있다

미러 워크를 통해 삶이 변화하려면 시간이 걸린다. 당신이 적어
도 하루 10분씩을 할애할 결심을 해주어서 매우 기쁘다. 당신은
서서히 변하고 있다.

미러 워크는 하면 할수록 쉬워진다. 거울을 들여다보는 일이 여전
히 조금 실없고 부끄럽게 느껴져도 괜찮다. 대부분의 사람은 처음

에 자신에게 "사랑해"라고 말하기가 어렵다. 그 일이 완전히 편안해지기까지 몇 주 심지어 한 달이 걸릴 수도 있다. 그래도 일단 보다 수월하게 말하게 되면 삶에 긍정적인 변화가 일어날 것이다.

그동안 당신은 거울을 친구이자 동반자로 삼았다. 또한 거울을 통해 당신이 하는 말과 행동을 훨씬 잘 인식하게 되었다. 당신은 시간을 들여 혼잣말을 들었고, 긍정적인 암시를 연습했다.

다시 강조하건대 미러 워크는 진정한 사랑의 행위, 당신이 자신에게 줄 수 있는 가장 애정 어린 선물이다. 미러 워크를 계속할수록 당신은 자신을 조금씩 사랑하게 된다. 자신을 사랑하는 최선의 방법은 자신에 대한 평가, 당신의 발목을 잡는 오래된 이야기 같은 과거의 이물질들을 버리는 것이다. 그래야 더 나은 현재를 살아갈 수 있다. 우리는 어린 시절부터 부정적인 말을 믿는 습관을 길러왔다. 이 부정적인 말을 긍정적인 암시로 바꿔 거울을 보며 말하면 과거의 상처를 벗어던지고 앞으로 나아갈 수 있다.

미러 워크, 멈추지 말고 계속하기

미러 워크를 계속할수록 과거의 장벽을 걷을 수 있다. 거울을 보며 암시할수록 그 장벽을 이루는 벽돌을 치울 수 있다. 벽돌이 쌓여서 장벽을 이루는 데 몇 년이 걸렸다. 이 장벽을 걷는 데도 시간이 걸릴 것이다. 그러나 벽돌 하나부터 시작할 수 있다. 하나의 벽돌이나 장벽을 제거할 때마다 더 많은 빛과 애정이 들어올 수 있다.

거울을 보고 말하는 긍정적인 암시를 믿기 시작하면 아름다운 사랑이 과거의 장벽을 더 많이 허물 것이다. 문제가 무엇이든 최선의 해결법은 자신을 사랑하는 것이다.

가끔 내면의 비판자가 어떤 일을 두고 당신을 괴롭히거나 부정적인 말을 해도 괜찮다. 당신에게는 언제나 의지할 수 있는 친구이자 동반자인 거울이 있다.

당신의 눈을 들여다보며 "나는 사랑받을 가치가 있어"라고 말하라. 멈추지 말고 계속하라!

이렇게 암시하라.

"그동안 미러 워크로 나 자신을 사랑했던 것을 축하해. 이제 나는 나를 달리 바라보게 하는 새로운 공간으로 기꺼이 들어갈 거야."

나는 새롭고 멋진 경험을 할 것이다

당신은 태어난 순간부터 여러 관문을 지난다. 출생은 커다란 관문이자 변화였다. 이후 당신은 수많은 관문을 지났다. 당신은 충만하고 풍요로운 삶을 사는 데 필요한 모든 것을 지닌 채 이 생을 맞이했다. 당신은 필요한 모든 지혜와 지식을 지녔다. 필요한 모든 능력과 재능을 지녔다. 필요한 모든 사랑을 지녔다. 삶은 당신을 뒷받침하고 보살피기 위해 존재한다. 당신은 이 사실을 알고 믿어야 한다.

관문은 계속 닫히고 열린다. 당신은 자신에게 중심을 맞추는 한 어떤 관문을 지나도 언제나 안전할 것이다. 이 세상에서 마지막 관문을 지나도 끝이 아니며 또 다른 새로운 모험의 시작일 뿐이다. 변화를 경험해도 괜찮을 것이라고 믿어라.

오늘은 새로운 날이다. 새롭고 멋진 경험을 많이 하게 될 것이다. 당신은 사랑받고 있다. 당신은 안전하다.

Loving Yourself
나는 순수하고 영원한 영혼이다

나는 세상을 구할 수 있는 유일한 존재다. 나에게는 육체, 성격, 질병, 과거를 초월하는 부분이 있다는 사실을 언제나 명심해야 한다. 나에게는 인간관계를 초월하는 면면이 있다. 나는 순수하고 영원한 영혼이다. 언제나 그랬고, 앞으로도 그럴 것이다.

나는 자신을 그리고 타인을 사랑하기 위해 이 세상에 왔다. 나는 사랑을 통해 해답을 찾을 것이며 타인과 지구를 어루만지고자 한다.

나는 특별한 시대를 지나고 있다. 많은 것이 변하는 시점이다. 나는 최선을 다해 헤쳐 나가고 있다. 나는 적절한 해결책을 찾아 이 역경을 이겨낼 것이다.

나와 타인은 영적으로 서로 이어진다. 영적 차원에서 우리 모두는 하나다. 우리는 자유롭다. 그렇게 될 것이다.

1 거울 앞에 서라.

2 자신의 눈을 들여다보라.

3 이렇게 암시하라.

"사랑해. 정말로 사랑해. 네가 미러 워크를 하는 게
자랑스러워."

4 자신의 이름을 넣어서 이 암시를 10번 반복하라.

"○○○, 사랑해. 정말로 사랑해. 네가 미러 워크를
하는 게 자랑스러워."

5 이마를 보며 머릿속에서 연주되는 모든 오래된 믿음과
부정적 생각의 CD를 꺼낸다고 상상하라. 손을 뻗어서
이 CD를 머릿속에서 꺼내어 던져버려라.

6 이제 자신의 눈을 깊이 들여다보며 이런 긍정적인
암시가 담긴 새 CD를 만든다고 상상하라. 그리고
이렇게 말하라.

"나는 기꺼이 내버릴 것이다. 나는 사랑받을 가치가
있다. 나는 지금 이대로 완벽하다."

일지: 감정 쓰기

1 일지를 꺼내서 제일 첫날에 작성한 페이지를 열어라.

2 1일차에 미러 워크를 한 후 기록한 내용을 읽어라.

3 새로운 페이지를 열어서 일주일 동안 미러 워크를 한 후 느낀 점을 적어라. 훈련이 더 쉬워졌는가? 거울을 바라보는 일이 더 편해졌는가?

_____

_____

_____

_____

4 미러 워크를 할 때 가장 잘되는 부분과 가장 힘든 부분을 적어라.

_____

_____

_____

_____

5 난관에 부딪힌 부분에서 도움이 되는 새로운 암시를 만들어라.

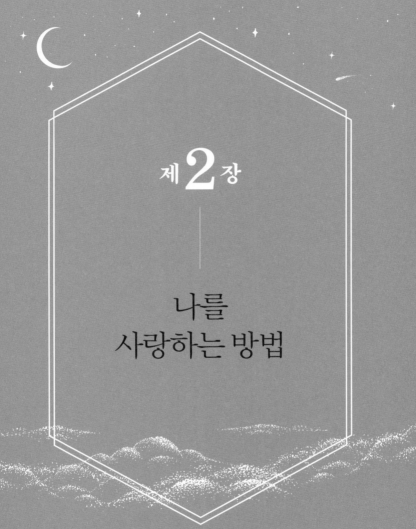

제2장

나를
사랑하는 방법

Mirror

어린 나를 만나라

Loving Your Inner Child-Part One

과거의 내가 달라져야 현재의 내가 새롭게 탄생한다.
정해져 버린 과거 속의 나를 어떻게 바꿔야 할까?
거울을 보고 말하라.
"나는 어린 내가 보고 싶다. 어린 나를 만나고 싶다."

다섯 살의 어린 나 만나기

지금부터 거울에 보이는 현재의 나어른를 넘어선 내면의 아이어린
시절의 나를 만난다. 이는 미러 워크에서 대단히 중요한 과정이다.
거울 앞으로 가자. 당신의 눈을 깊이 들여다보라. 거울에 보이는
어른이 아닌 내면에 있는 아이에게 인사하라.

당신이 몇 살이든 상관없다. 당신의 내면에는 사랑과 수용을 필

요로 하는 작은 아이가 있다. 그 아이는 다섯 살이다.

당신이 여성이라면, 자립심과 무관하게 내면에 대단히 가냘프고 도움을 필요로 하는 다섯 살의 작은 여자아이가 있다. 당신이 남성이라면, 자신감과 무관하게 내면에 온정과 애정을 바라는 다섯 살의 작은 남자아이가 있다.

거울을 보면 내면의 아이가 보이는가?

그 아이는 행복한가?

그 아이는 당신에게 무슨 말을 하려 하는가?

"너를 사랑하고 수용할 거야"라며 소통하기

지나온 모든 시간이 당신의 내면에, 의식과 기억 속에 있다. 어린 당신은 뭔가 잘못되는 일이 있으면 나 자신에게 문제가 있다고 믿었다. 아이들은 자신이 무슨 일이든 잘 해내야만 부모에게 사랑 받을 수 있다고 생각한다.

대개 우리는 다섯 살 무렵에 내면의 아이와 멀어진다. 우리는 우리에게 무엇인가 문제가 있다고 생각하기 때문에 그런 결정을 내린다. 그래서 내면의 아이를 더는 만나려고 하지 않는다.

우리 안에는 부모도 있다. 대부분의 경우 이 부모는 거의 쉴 없이 내면의 아이를 꾸짖는다. 내면의 대화를 들어보면 꾸짖는 소리가 들린다. 내면의 부모가 당신이 무슨 잘못을 했는지 혹은 왜 부족한지 말하는 소리가 들린다. 그래서 우리는 어린 시절부터 자신과의 싸움을 시작해 부모가 그렇게 했듯 나 자신을 비판했다.

"넌 멍청해. 넌 부족해. 넌 제대로 하는 게 하나도 없어."

줄기차게 쏟아진 비판을 들은 내면의 아이는 자신을 탓하는 습관이 생겼다. 어른이 된 지금의 나는 내면의 아이를 완전히 무시하거나 과거에 당했던 방식대로 깎아내린다. 이 패턴은 거듭 반복된다.

두려움을 느끼고 있는가. 당신이 두려워하는 매 순간, 내면의 아이는 더욱더 떨고 있다는 사실을 깨달아라. 어른이 된 나는 내면의 아이와 단절되었을 뿐만 아니라 더는 돌보려고 하지도 않으므로 그 감정을 느끼지 못한다. 어른인 당신은 내면의 아이와 좀더 친밀해져야 한다.

내면의 아이와 어떻게 소통할 수 있을까?

먼저 미러 워크를 통해 내면의 아이를 알아간다. 그 아이는 어떤 아이인가? 그 아이는 왜 불행한가? 그 아이가 안전감과 안정감 그리고 사랑을 느낄 수 있도록 도울 방법은 무엇인가?

내면의 아이에게 당신이 하는 모든 일에 대해 이야기하라. 실없게 들리지만 이 방법은 효과가 있다. 내면의 아이가 무슨 일이 일어나든 당신이 절대 외면하거나 떠나지 않고 항상 곁에서 사랑해줄 것임을 알게 하라.

내면의 아이가 원하는 것은 눈에 띄는 것, 안전하다고 느끼는 것, 사랑받는 것이다. 하루에 몇 분만 내면의 아이와 소통하는 시간을 가지면 삶이 훨씬 나아질 것이다.

거울을 보며 이렇게 되뇌라.

"나는 너를 사랑하고 수용할 것이다."

나는 내면의 아이를 사랑으로 감싼다

내면의 아이를 보살펴라. 그 아이는 무서워하고 있다. 그 아이는 상처받았다. 그 아이는 지금 무엇을 어떻게 해야 할지 모른다. 내면의 아이를 지켜줘라. 내면의 아이를 감싸주고, 사랑하고, 필요로 하는 모든 것을 해줘라. 어떤 일이 일어나도 당신이 항상 곁에 있을 것임을 내면의 아이가 알게 하라. 당신은 결코 등을 돌리거나 내면의 아이를 버리지 않을 것이다. 언제나 그 아이를 사랑할 것이다.

Loving Your Inner Child

이완하고 긴장 풀기

심호흡을 하고 눈을 감아라.

다시 심호흡을 하면서 몸의 긴장을 완전히 풀어라.

발가락에 정신을 집중하여 완전히 힘을 빼라. 이제 발등, 발뒤꿈치, 발목에 긴장을 풀어라. 발이 완전히 축 늘어지게 하라. 종아리를 거쳐 무릎으로 올라가며 긴장을 풀어라. 계속 따뜻하고 느슨한 느낌을 허벅지까지 끌어올려서 축 늘어지게 하라.

이제 엉덩이와 궁둥이의 긴장을 풀어라.

그다음 허리의 긴장을 풀고 평화로운 느낌이 가슴을 거쳐 쇄골과 어깨까지 올라오게 하라.

상박을 이완하라. 하박, 손목, 팔의 긴장을 풀어라.

마지막으로 남은 긴장이 손가락을 통해 빠져나가게 하라.

목을 거쳐 턱, 뺨 그리고 눈 주위 근육의 긴장을 풀어라.

이마와 두개골의 긴장을 풀어라.

이완하고, 이완하고, 이완하라. 긴장을 풀어라.

미러 워크

1   다섯 살 무렵에 찍은 사진을 찾아라. 그 사진을 욕실
거울에 붙여라.

2   몇 분 동안 그 사진을 바라보라. 무엇이 보이는가?
행복한 아이가 보이는가? 불쌍한 아이가 보이는가?

3   거울을 바라보며 내면의 아이에게 말을 걸어라.
사진이든 당신의 눈이든 더 편안하게 느껴지는 것을
바라보라. 어린 시절 별명이 있었다면, 내면의 아이에게
말을 걸 때 그 별명을 사용하라. 이때 앉아서 하면 더
좋다. 서서 하면 견디기 힘든 감정이 올라오는 순간
돌아서서 거울을 피해 나가고 싶어지기 때문이다.
그러니 휴지를 준비한 후 바닥에 앉아서 대화를
시작하라.

4   마음을 열고 가장 깊숙한 생각을 나눠라.

5   대화가 끝난 후 이렇게 되뇌라.

"사랑해. 나는 널 위해 여기 있어. 넌 안전해."

일지: 감정 쓰기

1   오늘은 감정을 쓸 때 크레파스나 유색 볼펜 혹은 유색 펠트펜이 필요하다.

2   아이인 자신의 모습을 그려라. 창의성을 발휘하라!

3 그림을 자주 보는 거울에 붙여라.

4 그림을 보고 내면의 아이에게 말을 걸어라.

"안녕. 만나서 반가워. 나는 이만큼 다 자란 어른인 너야."

_____

_____

_____

_____

_____

5 내면의 아이에게 다음 질문을 하고 그 대답을 일지에 적어라.

"무엇을 좋아하니?"

_____

"무엇을 싫어하니?"

_____

"무엇이 무섭니?"

_____

"무엇이 필요하니?"

_____

"너를 행복하게 해주기 위해 내가 할 수 있는 건 무엇이니?"

_____

_____

6 눈을 감고 내면의 아이에 대해 알게 된 것이 무엇인지 5분 동안
생각하라.

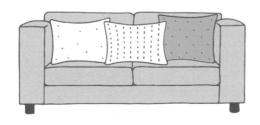

만났으면
쓰다듬어주기

Loving Your Inner Child—Part Two

작고 어린 나 역시 간절히 원한다.
굳이 달라지지 않아도 있는 모습 그대로 사랑받고 받아들여지기를.
지난 시절의 나를 꺼내서 보듬는 시간을 가져라.
"나는 어린 나를 사랑한다. 나는 어린 나를 사랑해."

불행한 어린 나를 변화시키기

오늘 당신과 내면의 아이는 어떻게 지냈는가? 서로를 조금 더
잘 알게 되었는가? 내면의 아이와 소통하는 일은 과거의 아픔을
치유하는 데 대단히 중요하다.

어린 시절 당신의 일상은 어땠는가? 고통과 두려움으로 가득했
는가? 만약에 그랬다면 당신은 자신을 질책하는 습관을 가졌을

수 있다. 그리고 내면의 아이를 계속 과거에 느꼈던 감정대로 대했을 것이다. 오랫동안 그런 식이었다면, 달리 갈 곳이 없는 내면의 아이는 움츠러들어 있을 것이다. 그렇게 겁먹은 작은 아이와 소통할 수는 없지 않은가.

많은 사람에게는 길을 잃고, 외로워하며, 버림받았다고 생각하는 내면의 아이가 있다. 우리가 오랫동안 내면의 아이와 나눈 유일한 소통은 아마도 질책과 비판일 것이다. 그래놓고 우리는 왜 불행한지 의아해한다.

내면의 아이는 나의 일부다. 아이의 상처를 치유해주지 못하면 지금의 나도 행복할 수 없다. 어린 내가 불행하다고 배척하면서 행복한 미래를 꿈꾼다는 것은 모순이다. 내면의 아이를 변화시키자. 내면의 아이를 웃게 만들자. 그러면 지금의 나도 행복해질 수 있다.

거울 속에 있는 어린 나와 조우하자. 부모에게 들은 잔소리를 잊자. 제약을 무시하자. 과거를 용서하고 내면의 아름다운 이 아이를 사랑하자. 이 아이는 내가 자신을 아낀다는 사실을 알아야 한다.

지금부터 미러 워크를 통해 과거를 용서하고 내면의 아름다운 아이를 사랑하기 시작하자.

대다수 사람은 과거에 느낀 다양한 감정과 상처를 무관심하게 묻어버린다. 그래서 내면의 아이를 만나고, 사랑하는 방법을 배우려면 시간이 오래 걸리는 것이다. 필요한 만큼 충분한 시간을 가져라. 이 과정을 거듭 반복하라. 반드시 목표에 도달할 것이다.

내면의 아이 사랑하기

내면의 아이는 일찍이 당신이 가진 믿음을 여전히 품고 있다. 만약에 현재 당신이 자주 자학하고, 화가 나면 벽을 치는 경향이 있다면 부모가 엄격했을 가능성이 크다. 그리고 어린 당신도 부모가 이끄는 대로 따랐을 것이다. 부모가 정한 옥죄는 규칙을 지키느라 애쓰고, 어길 때마다 자신을 질책했을 것이다. 내면의 아이는 아침에 일어나서 두려운 마음으로 "오늘은 어떤 일로 야단맞을까?"라고 생각했을지도 모른다.

과거에 부모는 자신들의 잘못된 가치관대로 우리를 길들이려고 했다. 성인이 된 우리는 내면의 아이를 보살피지 못한다. 계속해서 자책하게 만든다. 당신을 자책하게 만든, 용서해야 할 존재는 누구인가. 어떻게 해야 자책감을 벗어던질 수 있을까? 어떤 일이 벌어졌었기에 아직도 자기 자신을 용서하지 못했는가?

앞으로 며칠 동안 어디를 가든 내면의 아이와 손을 잡고 같이 간다고 상상하라. 얼마나 즐거운 경험이겠는가. 실없이 들리겠지만 한번 해보라. 정말로 효과가 있다. 당신 자신과 내면의 아이를 위해 멋진 삶을 만들어라. 그렇게 하면 당신은 내면의 아이와 어른이 된 나 자신의 몸과 마음을 치유할 방법을 찾을 것이다.

어린 시절이 행복했든 불행했든 간에 오직 나만이 나의 삶을 이 끌 수 있다는 점을 명심하라. 당신은 부모를 탓하며 시간을 보낼 수도 있고, 사랑을 받아들일 수도 있다.

사랑은 필자가 아는 최고의 지우개다. 사랑은 깊고 고통스러운 기억을 지운다. 사랑은 그 무엇보다 깊이 내려가기 때문이다.

생각해보라. 고통에 찬 삶을 원하는가? 아니면 기쁨에 찬 삶을 원하는가? 선택은 언제나 당신 몫이다. 당신의 눈을 들여다보라. 나 자신과 내면의 아이를 사랑하라.

이렇게 되뇌라.

"나는 내면의 아이를 사랑한다. 이제부터 내가 나의 삶을 이끈다."

나는 기꺼이 변화하고 성장할 것이다

당신은 모든 것을 알지는 못하기 때문에 기꺼이 새로운 것을 배운다. 당신은 더는 쓸모없는 오래된 생각을 기꺼이 버린다. 당신은 자신의 행동을 돌아보며 '더는 그렇게 하고 싶지 않아'라고 생각한다. 당신은 보다 자신답게 살 수 있음을 안다. 더 나은 사람이 되라는 말이 아니다. 진정한 자신의 모습을 더 많이 되찾으라는 말이다.

성장과 변화는 신나는 것이다. 설령 내면의 고통스런 상처를 들여다봐야 한다고 해도 할 만한 가치가 있다.

나의 과거를 진심으로 사랑하라

시간을 거슬러 올라가보자.

당신이 다섯 살짜리 아이라고 상상하라. 그 아이에게 손을 내밀며 이렇게 말하라.

"나는 너의 미래야. 너를 사랑하기 위해 왔어."

그 아이를 사랑스럽게 안아준 다음 현재의 시간으로 데려와라. 당신과 그 아이가 같이 거울 앞에 서서 서로를 사랑스럽게 바라본다고 상상하라. 당신은 거울 앞에 서서 당신이 놓친 자신의 부분이 너무나 많다는 사실을 깨닫는다.

시간을 더 거슬러 올라가 태어난 순간을 상상하라. 당신은 지금 막 엄마의 자궁을 빠져나왔다. 아마 무척 힘들었을 것이다. 춥다. 밝은 빛이 보였을 때, 누군가 당신의 엉덩이를 때릴 것이다. 그렇게 세상에 나왔다! 당신은 온전한 생애를 누리기 위해 어렵게 태어났다. 그 작은 아기를 사랑하라. 나의 과거, 아기인 나를 진심으로 사랑하라!

당신이 걸음마를 하던 순간으로 가보자. 당신은 일어섰다가 주저앉기를 반복한다. 그러다가 문득 중심을 잡고 서서 한 발, 또 한 발 내딛으며 걷는다! 당신은 자신이 매우 대견하다. 그 작은 아이를 사랑하라. 나의 과거, 아기인 나를 진심으로 사랑하라!

첫 입학한 날로 가보자. 당신은 엄마의 품을 벗어나고 싶지 않았지만 그래도 학교라는 곳에 갔다. 학교의 문턱을 처음 넘어섰다. 잘해냈다. 최선을 다한 당신이다. 그 아이를 사랑하라. 나의 과거, 아이인 나를 사랑하라!

열 살 무렵으로 가보자. 그때의 하루 일과를 천천히 떠올려라. 당신의 기억 속에 열 살 무렵은 멋졌을 수도 있고, 힘들었을 수도 있다. 그래도 최선을 다해 하루하루를 지냈고, 잘해냈다. 그 아이를 사랑하라. 나의 과거, 아이인 나를 그저 사랑하라!

이제 사춘기로 접어들어서 생긴 일들을 떠올려보라. 그때는 신나면서도 무서웠고, 아마도 감당하기 어려운 일들이 벌어졌을 수도 있다. 그래도 당신은 잘 버텼다. 당신은 최선을 다했고, 잘해냈다. 그러니 그 아이를 사랑하라. 나의 과거, 아이인 나를 사랑하라!

사회 초년생이 됐다. 첫 직장에서 첫 월급을 탄 날을 떠올려보자. 당신은 흥분해 있다. 직장에서 당신은 상사와 동료들에게 좋은 인상을 남기고 싶어 했다. 그들에게 배울 것이 아주 많았다. 당신은 최선을 다해서 직장생활에 적응했고 어느 정도 성공했다. 그 사람을 사랑하라. 나의 과거, 그 사람을 그저 사랑하라!

처음으로 실연을 겪은 날을 떠올려라. 얼마나 가슴이 아팠는가. 당신은 누구도 다시는 자신을 사랑하지 않을 것이라고 자책했다. 큰 아픔이었을 것이다. 그래도 최선을 다했고, 잘 버텼다. 그 사람을 사랑하라. 나의 과거, 그 사람을 사랑하라!

가장 기억에 남는 삶의 한 부분으로 가보자. 그때는 창피하거나 고통스럽거나 행복했을 수 있다. 어느 경우든 당신은 그때 가졌던 이해와 지식 그리고 인식을 토대로 최선을 다했다. 그러니 그 사람을 사랑하라. 나의 과거, 그 사람을 사랑하라!

자신의 모든 부분을 모아서 현재로 가져와라. 모든 부분을 가지고 거울 앞에 선 자신을 보며 삶이 얼마나 풍요롭고 온전한지 깨달아라. 물론 힘들고 고통스런 순간, 창피하고 혼란스런 때도 있었다. 그래도 괜찮다. 모두가 삶의 일부다. 자신의 모든 것을 사랑하라.

이제 돌아서라. 당신 앞에 어떤 사람이 두 팔을 벌린 채 서서 이렇게 말하고 있다. 잘 들어라.

"나는 너의 미래야. 너를 사랑하기 위해 왔어."

삶은 과거 현재 미래에 걸쳐 자신을 사랑할 수 있는 끝없는 기회를 준다. 자신의 모든 부분을 사랑하고 수용하면 당신은 몸과 마음이 치유된다. 작은 부분이라도 자신의 일부를 배척하고 있으면서 어찌 치유되기를 바라는가? 자신을, 자신의 모든 부분을 사랑하고 온전해져라. 모든 것이 다 괜찮다. 그렇게 될 것이다.

1 거울로 가서 어제 붙여둔 어린 시절의 사진을 보라.

2 잠시 내면의 아이에게 너는 소중한 존재라고 말하라.
이렇게 되뇌라.

"나는 네가 엄청 소중해. 사랑해. 정말로 사랑해."

3 가능하다면 거울 앞이나 다른 곳에 앉아서 손거울을
보라. 내면의 아이와 어제 시작한 대화를 계속하라.
가령 이렇게 사과할 수도 있다.

"오랫동안 대화하지 않아서 미안해."
"오랫동안 꾸짖어서 미안해."
"서로 떨어져 지냈던 시간을 보상하고 싶어."

4 오랫동안 내면의 아이와 대화하지 않았다면 소통하는
데 시간이 걸릴 것이다. 그래도 끈기를 가져라.
결국에는 소통할 수 있을 것이다. 내면의 아이를 느끼게
될 것이다. 내면의 아이가 하는 말을 들을 수 있을
것이다. 심지어 내면의 아이가 보이기도 할 것이다.

5 손수건이나 티슈를 근처에 둬라. 내면의 아이와 대화할
때 울어도 괜찮다. 눈물은 말문을 열게 해서 내면의
아이와 소통하는 데 도움을 줄 것이다.

일지: 감정 쓰기

1 어린 시절에 정말 하고 싶었던 일이 무엇인가? 꿈이 무엇이었는가?
생각나는 모든 것을 적어라. 그중 하나라도 해본 적이 있는가?
있다면, 마지막으로 한 게 언제인가? 내가 기억하는 부모는 종종
우리가 하고 싶어 했던 일을 막곤 했다. 꿈꾸지 못하게 훼방을
놓기도 했다. 재미있게 놀지 못하게 막기도 했다. 그런 부모는
차치하고, 어린 나의 감정을 적어라.

_____

_____

_____

_____

2 이제 일지를 내려놓고 밖으로 나가서 내면의 아이와 함께
놀아라. 재미를 즐겨라! 낙엽 더미로 뛰어들거나 워터파크에서
수영하는 것과 같은 신나는 놀이를 하라. 다른 아이들이 노는
모습도 지켜보라. 당신이 어떤 놀이를 즐겼었는지 떠오를 것이다.
살아가면서 더 많은 즐거움을 누리고 싶다면 내면의 아이와
소통하며 즉흥적인 재미를 찾아라. 그러면 더욱 즐겁게 생활할 수
있을 것이라고 확신한다.

10

고통과 질병을
다스리려면

Loving Your Body, Healing Your Pain

사랑이 가득한 환경을 만들어 질병과 고통을 치유하라.
나의 몸은 내가 가장 잘 돌볼 수 있다.
거울을 보고 확언하라.
"나는 내 몸이 필요로 하는 것을 찾아서 반드시 건강해질 거야."

고통은 무엇을 말하려고 하는가

그 누구도 고통에 시달리고 싶어 하지 않는다. 당신은 고통 받고
있는가? 고통을 통해서 무엇을 배울 수 있을까? 고통은 어디에
서 오는 것일까? 고통은 무슨 말을 하는 것일까? 고통은 신체적,
정신적 질병의 발현이다. 그래서 몸과 마음 모두 고통에 시달릴
수 있다.

몸은 최적의 건강 상태를 유지하려고 한다. 그런데 우리가 건강에 나쁜 음식을 먹고 해로운 생각으로 몸을 학대하면 온갖 불편을 초래한다. 불편은 통증, 생채기, 부상, 멍, 울혈, 불면, 욕지기, 질병 등 다양한 형태의 고통으로 드러난다. 고통은 우리에게 아주 중요한 무엇인가를 말하려고 한다. 고통은 몸이 우리의 주의를 끌기 위해 붉은 깃발을 흔든다. 즉, 뭔가가 잘못되었거나 잘못되어가고 있다는 사실을 알리려고 한다.

고통을 느낄 때 우리는 무엇을 하는가? 대개 약상자나 병원을 찾는다. 이는 몸에게 "닥쳐! 네 말은 듣고 싶지 않아"라고 말하는 것과 같다. 당신의 몸은 한동안 침묵하겠지만 다시 속삭일 것이다. 이전보다 큰 목소리로. 친구에게 중요한 말을 했는데 듣지 않는다고 상상해보라. 그러면 당신도 아마 더 큰 목소리로 재차 말할 것이다. 그래도 친구가 듣지 않으면, 화내며 고함을 지를 것이다. 혹은 무시당했다는 생각에 상처를 입고 입을 다물어버릴지도 모른다.

언젠가 필자는 공원에서 두 소녀가 노는 모습을 본 적이 있다. 그때 몸과 마음의 고통에 대한 적절한 사례를 목격했다. 소녀A가 소녀B의 팔을 때릴 것처럼 장난스럽게 손을 들었다. 소녀A의 손이 닿기 전에 소녀B는 "아야!"라고 소리 질렀다. 소녀A는 소녀B를 보며 "때리지도 않았는데 왜 그래?"라고 물었다. 소녀B는 "맞으면 아프니까"라고 대답했다.

몸은 내면의 생각과 믿음을 비추는 거울이다. 우리가 귀를 기울이기만 하면 언제나 몸이 하는 말을 들을 수 있다. 필자는 우리 자신이 모든 고통과 질병을 만들었다고 믿는다. 몸의 모든 세포는 우리가 하는 모든 생각과 말에 반응하기 때문이다.

몸이 하는 말 듣기

지금부터 미러 워크를 통해 몸을 사랑하고 고통을 치유하는 방법을 배울 것이다.

몸이 하는 말에 귀 기울여라. 몸은 건강하고 싶어 한다. 또한 그러고 싶어서 당신에게 협조해달라고 부탁한다.

모든 고통을 잘못된 생각을 하는 당신을 일깨우는 교사로 여겨라. 어떤 믿음이나 말, 행동 혹은 생각이 살아가는 데 아무 도움이 되지 않을 때 필자는 몸이 "제발 들어 봐!"라고 말하는 모습을 상상한다. 미러 워크를 통해 고통이나 질병의 이면에서 간절하게 외치는 몸의 말을 듣는다.

몸이 하는 말에 귀 기울이고 고통을 초래한 욕구를 내다버릴 준비가 되었는가? 그렇다면 미러 워크로 몸을 사랑하고 고통을 치유하는 확언을 해보자.

이렇게 되뇌라.

"나는 내 몸을 사랑한다. 나는 몸에 필요한 모든 것을 제공해서 건강해질 것이다."

나는 내 몸의 메시지를 신중하게 듣는다

몸은 삶의 다른 모든 것과 마찬가지로 당신이 내면에 지닌 생각과 믿음을 비추는 거울과 같다. 모든 세포는 당신이 하는 모든 생각과 말에 반응한다.

시시각각 변하는 세상에서 당신은 모든 영역에 대해 유연해질 것을 선택한다. 당신은 삶 그리고 세계를 개선하기 위해 자기 자신과 믿음을 바꿀 의지를 가지고 있다. 당신의 몸은 당신이 어떻게 대하든 당신을 사랑한다. 당신의 몸은 당신과 소통하려고 한다. 이제 당신이 몸의 메시지를 들을 차례다. 당신은 그 메시지를 듣겠다는 의지를 가지고 있다.

당신은 주의를 기울이고 필요한 변화를 일으킨다. 당신은 몸을 사랑한다. 그러므로 건강을 되찾기 위해서라면 무엇이든 그에 필요한 것을 몸에 제공한다. 당신은 필요할 때마다 얻을 수 있는 내면의 힘을 활용한다.

Loving Your Body

건강을 위한 긍정적인 암시

다음은 몸을 건강하게 하는 긍정적인 암시다. 자주 반복하라.

"나는 내 몸에 좋은 음식을 즐긴다."

"나는 내 몸의 모든 세포를 사랑한다."

"나는 건강을 위한 선택을 한다."

"나는 내 자신을 존중한다."

"나는 지금 내 몸을 돌보기 때문에 노년에도 건강할 것이다."

"나는 건강을 개선할 수 있는 새로운 방법을 계속 찾아낸다."

"나는 모든 차원에서 내 몸에 필요한 것을 제공하여
 건강을 회복한다."

"치유할 수 있다. 나는 이성보다는 지성으로
 자연스럽게 치유될 수 있도록 할 것이다."

"내게는 특별한 수호천사가 있다.
 나는 항상 신성한 가호와 보호를 받는다."

"건강은 나의 신성한 권리이며, 나는 지금 그 권리를 누릴 것이다."

"나는 건강해서 감사한다. 나는 삶을 사랑한다."

"나는 나의 식습관을 조절할 수 있는 유일한 사람이다.
 나는 언제나 유혹을 뿌리칠 수 있다."

"물은 내가 가장 좋아하는 음료다.
 나는 몸과 마음을 정화하기 위해 물을 많이 마신다."

"즐거운 생각으로 머리를 채우는 것은 건강으로 가는 지름길이다."

고통과 질병에 시달리고 있는가. 하루 빨리 벗어나려고 애쓰지
마라. 한 번에 하나씩 부드럽게 다스려라. 중국 철학자인 노자가
말했듯이 "천리 길도 한 걸음부터"다.

고통과 질병은 하룻밤 사이에 사라지지 않는다. 고통과 질병이 생기기까지 시간이 걸렸다. 마찬가지로 고통과 질병이 사라지는 데도 시간이 걸릴 것이다.

DAY 10 **미러 워크**

1 오늘 미러 워크를 할 고통이나 질병을 선택하라. 가령 속 쓰림이라고 하자.

2 거울 앞에 서거나 앉아라.

3 눈을 깊이 들여다보며 이렇게 자문하라.

"이 속 쓰림은 어디서 왔을까?"
"속 쓰림은 내게 무엇을 말하려는 것일까?"
"몸에 해로운 음식을 먹었나?"
"내가 지금 두려워하는 게 있나?"
"소화할 수 없는 소식을 들었나?"
"감당하지 못할 만큼 흥분할 상황인가?"
"견딜 수 없이 싫은 대상이나 사람이 있나?"

4 지금 시달리는 고통이나 질병이 무엇이든 이렇게 암시할 수 있다.

"나는 자유롭고 완전하게 호흡한다."
"나는 내 몸의 메시지를 듣는다."
"나는 건강에 좋고 영양가 있는 음식을 내 몸에게 먹인다."
"나는 필요할 때 내 몸에게 휴식을 준다."
"나는 나의 멋진 몸을 사랑한다."

"나는 안전하다."
"나는 살아가는 매 순간을 신뢰한다."
"나는 두렵지 않다."
이 암시를 반복하라.

5 이제 고통을 초래하는 구체적인 부분에 대해 암시하라.
가령 위통에 시달린다면 이렇게 말할 수 있다.

"나는 나의 위를 사랑한다. 나는 나의 건강한 위를
정말로 사랑한다. 나는 네게 몸에 좋은 음식을 주고,
너는 기쁘게 음식을 소화한다. 나는 네가 건강해질
것을 허락한다."

6 이 암시를 두세 번 반복하라.

일지: 감정 쓰기

1 지금 무엇이 당신을 고통스럽게 하는지 써라.

_____

_____

_____

_____

2 고통의 원인을 다 쓴 다음, 잠시 자신의 마음을 다독여라. 당신이 가진 고차원적인 힘이 이 고통에서 벗어나기 위해 삶에서 무엇을 바꿔야 할지 알려줄 것이라고 믿어라. 그 힘이 무엇인지 적어라.

_____

_____

_____

_____

_____

_____

3 당신이 좋아하는 꽃들이 사방에 피어 있는 완벽한 환경을 그려라. 당신의 얼굴을 간질이는 달콤하고 따스한 바람을 느껴라. 온몸의 근육을 이완하는 데 집중하라.

4 자신에게 질문하라.

"내가 고통을 자초하는 것은 아닐까?"

"내가 알아야 할 사실은 무엇일까?"

"내 삶의 어떤 부분을 바꿔야 할까?"

이 문제들에 대해 명상하면서 대답이 저절로 떠오르게 하라.
그 답을 일지에 기록하라.

_____

_____

_____

_____

_____

_____

5 3단계에서 떠오른 답들 중에 하나를 골라서 오늘 실행할 수 있는
실천 계획을 짜라.

_____

_____

_____

_____

_____

분노를 거침없이
표현하는 방법

Feeling Good, Releasing Your Anger

분노를 참지 마라.
분노를 일으킨 대상에게 솔직하게 말하라.
거울 앞에서 감정을 드러내라. 그리고 자문하라.
"나는 왜 화가 났지? 무엇을 원하는 것일까?

분노 배출하기

매일 자신과 대화하고, 자기 자신에게 사랑한다고 말하면 기분
이 어떤가?

거울을 바라보며 잠시 자신을 축복하라. 당신은 내면 깊은 곳에
자리한 감정을 살피고 과거를 떠나보내기 시작했다. 또한 머릿
속에서 긍정적인 암시를 반복하는 방법도 배우고 있다.

지금까지 당신이 이룬 진전을 축하하라. 나는 당신 그리고 미러

워크를 잘 해내고 있는 당신의 의지에 격려를 보낸다.

과거를 되짚으며 감정을 배출할 때 당신 자신이나 특정한 사건에 대한 분노가 드러날 수 있다. 분노는 솔직한 감정이다. 그래서 더더욱 외부로 표출하거나 어떤 식으로든 처리하지 않으면 몸 내부에 쌓여서 질병이나 기능장애를 일으킨다.

지금부터 당신의 내면에 보다 긍정적인 감정이 들어설 수 있도록 분노를 다독이고 배출하게 할 것이다. 어떻게 하면 되는지 배워보자.

우리는 주로 같은 일에 대해 거듭 분노한다. 문제는 화가 나도 표출하면 안 된다는 생각에 속으로 삼켜버리는 경우가 많다는 것이다. 그러면 원한이나 괴로움 혹은 우울증으로 발전하기 쉽다. 따라서 분노가 생길 때마다 적절하게 처리하거나 배출하는 것이 바람직하다.

육체적으로 분노를 배출하고 싶다면 베개를 쳐라. 주저하지 말고 감정을 거침없이 드러내라. 당신은 이미 감정을 너무 오랫동안 마음속에 담아두었다. 분노를 느끼는 것에 대해 죄책감이나 수치심을 느낄 필요 없다.

분노에 대처하는 효과적인 방법 중에 하나는 화가 나는 대상에게 솔직하게 말하는 것이다. 어떤 사람에게 고함을 지르고 싶다면 이미 분노가 오랫동안 쌓였다고 봐야 한다.

분노를 배출하는 차선책은 거울을 보고 이야기하는 것이다.

거울 앞에 나의 분노를 끓어오르게 만든 대상이 서 있다고 생각하라. 그에게 하고 싶었던 모든 말을 하라. 욕설을 퍼부어도 좋다. 그러다 보면 점점 감정이 격앙되겠지만, 괜찮다. 솔직하게 감정을 드러내는 것이 중요하다.

분노를 표현하면 마음이 치유된다

미러 워크는 분노를 배출하도록 돕는다. 필자가 가르친 한 학생은 분노를 잘 표현하지 못했다. 그녀는 자신의 감정을 드러내는 것은 성인답지 못하다고 생각했다. 그러다가 미러 워크를 통해 분노 표현법을 배웠다. 거울 앞에 자신을 윽박질렀던 엄마와 주사가 심한 딸이 있다고 가정하고 고함과 욕지거리를 쏟아부었다. 이렇게 분노를 배출한 후 그녀는 속이 후련해지는 기분을 느꼈다. 나중에 그녀는 집으로 찾아온 딸을 몇 번이고 안아주었다. 억눌린 분노를 배출하여 사랑이 들어설 여지를 만들었기 때문에 이런 표현이 가능했다.

상대방에게 분노를 배출한 후 훨씬 행복해졌다고 말하는 사람들이 아주 많다. 그들은 무거운 짐을 내려놓은 것 같은 기분을 느꼈다고 한다.

내면을 살피면, 내가 왜 분노했는지에 대한 해답을 찾을 수 있을 것이라고 믿어라. 나의 몸에서 분노가 자유롭게 흘러나가는 모습을 그리는 일은 매우 큰 치유 효과가 있다. 내가 분노한 대상에게 사랑하는 마음을 보내고, 그 사랑이 나와 상대방의 부조화를 해소하는 모습을 그려라. 기꺼이 타인과 조화를 이루겠다고 생각하라. 어쩌면 당신은 다른 사람들과 잘 소통하지 못하는 자신에게 문제가 있다고 여겨서 분노했는지도 모른다. 이 사실을 인식하면 삐걱거렸던 모든 인간관계를 바로잡을 수 있다.

이렇게 되뇌라.

"감정을 느끼는 것은 괜찮다. 오늘 나는 감정을 긍정적으로 내보낼 것이다."

나는 좋은 기분을 느낄 자격이 있다

삶은 아주 단순하다. 우리는 생각과 감정의 패턴을 통해 경험을 만든다. 우리가 나 자신과 삶에 대해 믿는 것이 곧 현실이 된다. 생각은 말들을 이어놓은 것일 뿐이다. 즉, 그 자체로 아무 의미가 없다.

생각에 의미를 부여하는 것은 바로 나 자신이다. 우리는 머릿속에서 거듭 부정적인 메시지에 초점을 맞춰 생각에 의미를 부여한다.

우리가 감정에 대처하는 방식은 대단히 중요하다. 감정을 행동으로 드러낼 것인가? 다른 사람을 공격할 것인가? 슬픔, 외로움, 죄책감, 분노, 두려움은 모두 정상적인 감정이다. 그러나 이런 감정이 마음을 차지하고 좌우하면 삶은 감정적인 전쟁터가 될 수 있다.

당신은 미러 워크, 자기애, 긍정적인 암시를 통해 자신을 돌볼 수 있다. 언제든 당신이 느끼는 모든 불안을 해소할 수 있다.

당신이 삶 속에서 평화와 고요를 누릴 자격이 있다고 믿는가?

이렇게 암시하자.

"나는 삶에 도움이 되지 않는 의식의 패턴을 제거한다. 나는 좋은 기분을 느낄 자격이 있다."

Feeling Good
사랑과 치유의 빛을 찾아라

당신의 마음속 깊은 곳을 들여다보고 작고 밝은 빛을 찾아라. 그 빛은 너무나 아름답다. 그 빛은 사랑과 치유의 중심이다. 그 빛이 반짝이는 것을 지켜보라. 그 빛은 점점 커져서 당신의 마음을 가득 채운다. 그 빛이 정수리까지 올라갔다가 발가락 끝과 손가락 끝까지 이동하는 모습을 보라. 당신은 사랑과 치유의 아름다운 빛과 함께 밝게 빛난다. 온몸이 그 빛과 함께 진동하게 하라. 자신에게 이렇게 말하라.

"나는 숨을 쉴 때마다 점점 더 건강해진다."

그 빛이 당신의 몸에서 질병을 정화하고 건강한 생명력을 되살리도록 하라. 그 빛이 당신에게서 사방으로 뻗어나가 치유의 힘이 필요한 모든 사람에게 닿게 하라.

당신이 품은 사랑과 치유의 빛을 필요한 사람과 나누는 것은 대단한 특혜다. 당신의 빛이 아프거나 버림을 받았거나 절망에 빠진 사람들이 있는 다른 곳으로 나아가 희망과 계몽과 평화를 안기도록 하라. 당신이 사는 도시의 모든 집으로 빛이 스며들도록 하라. 고통과 고난이 있는 모든 곳에서 사랑과 치유의 빛이 어려운 사람을 위로하도록 하라.

세상에서 당신이 치유하고 싶은 한곳을 골라라. 먼 곳이든 가까운 곳이든 상관없다. 사랑과 치유의 빛을 그곳에 비춰서 균형과 조화를 되찾는 모습을 보라. 온전해지는 모습을 보라. 매일 시간을 내서 당신이 선택한 곳으로 사랑과 치유의 빛을 보내라.

우리가 베푼 것은 몇 배로 돌아온다. 사랑을 베풀어라. 그렇게 될 것이다.

미러 워크
||||||||||||||||||||||

1 누구에게도 방해받지 않고 안전하다고 생각되는 거울 쪽으로 가라.

2 거울 안의 내 눈을 들여다보라. 그렇게 하기가 아직도 어색하다면 입이나 코에 시선을 두어라.

3 나와 나에게 잘못했다고 믿는 사람의 모습을 각각 그려라. 내가 화난 순간을 떠올리고 그 분노가 차오르게 놔둬라. 나에게 잘못한 상대방에게 내가 화난 이유를 말하라. 모든 분노를 드러내라. 구체적으로 말하라. 가령 이런 식으로 말할 수 있다.

"(이유) 때문에 당신한테 화가 났어. (이유) 때문에 상처받았어. (이유) 때문에 너무 두려워."

4 아마 모든 분노가 사라졌다는 느낌을 받으려면 여러 번 이렇게 해야 할 것이다. 한 번에 하나의 문제를 다뤄도 되고 여러 문제를 다뤄도 된다. 나에게 맞는 방식으로 하라.

일지: 감정 쓰기

1   지금까지 오랫동안 분노를 품고 살았는가? 다음은 습관적인
    분노를 배출하는 데 도움이 되는 질문이다.

"왜 나는 항상 분노하려는 걸까?"

_____

_____

_____

"상대방의 어떤 행동이 나를 분노하게 만들까?"

_____

_____

_____

"내가 여전히 벌주고 싶은 사람은 누구일까?"

_____

_____

_____

"나의 어떤 면이 다른 사람들을 자극할까?"

_____

_____

_____

2. 이제 자신에게 다음 질문을 던지고 그 대답을 적어라.

"나는 무엇을 원하는가?"

_____

_____

"무엇이 나를 행복하게 하는가?"

_____

_____

"나 자신을 행복하게 하기 위해 무엇을 할 수 있는가?"

_____

_____

3 내면에 당신 자신에 대한 긍정적인 기분이 들어설 새로운 공간을
만들 방법을 생각하라. 어떻게 하면 낙관적이고 유쾌한 패턴과
믿음을 만들까?

_____

_____

_____

_____

밀려오는 두려움을
극복하는 법

Overcoming Your Fear

나는 사랑과 두려움 중에 하나를 선택할 수 있다.
거울을 보고 사랑을 불러 두려움을 몰아내라.
"다 괜찮아. 모든 게 잘 될 거야. 나는 안전해."

두려움 자체가 문제는 아니다

거울을 들여다보고, 심호흡을 하고, 당신을 마주 보고 있는 멋진 사람에게 손 키스를 날려라. 당신은 매일 더 강해지고 있다. 후회스러운 과거를 잊고 보다 긍정적인 생각을 반영하도록 돕는 거울에 감사하라. 삶은 당신을 사랑하며, 누구에게나 마찬가지로 애정을 보낸다!

오늘은 미러 워크를 통해 자신을 사랑하고, 타인을 용서하고, 마땅히 행복한 삶을 사는 것을 막는 감정에 대해 대응하는 방법을 배울 것이다. 그 감정은 바로 두려움이다.

현재 세상에는 전쟁, 살인, 탐욕, 불신으로 인한 두려움이 넘쳐나고 있다. 두려움은 자신을 믿지 못하는 마음에서 생긴다. 그러므로 두려움을 극복하면 삶을 신뢰할 수 있다. 삶이 당신을 보살필 거라고 믿을 수 있다.

수잔 제퍼스는 세계적인 베스트셀러《자신감 수업Feel the Fear and Do It Anyway》에서 "모두가 삶에서 완전히 새로운 것에 접근할 때 두려움을 느끼지만 많은 사람이 두려운데도 불구하고 어떤 일을 '해낸다면' 두려움은 문제가 아니라고 결론지을 수 있다"라고 썼다. 그녀가 보기에 진정한 문제는 두려움 자체가 아니라 우리가 두려움을 품는 양상이다.

우리는 두려움과 맞닥뜨렸을 때 강력하게 대응할 수도 있고, 무력하게 무너질 수도 있다. 두려움이 생겼다는 사실 자체는 깊게 생각할 필요가 없다. 두려움이 지닌 힘을 약화시키고 삶이 당신 자신을 보살필 것이라고 믿는 방법을 배우는 것이 더 중요하다.

모든 게 잘 될 거라고 생각하기

당신은 얼마나 두려워하며 살고 있는가?

당신은 자기 자신을 보호하기 위해 두렵다고 생각한다. 당신이 신체적인 위협을 받으면 위험으로부터 자신을 보호하기 위해 몸 전체에 아드레날린이 분비된다. 당신이 머릿속에서 만들어내는 두려움도 같은 기능을 한다.

미러 워크를 할 때 당신의 두려움에게 말을 걸어보라. 가령 이렇게 말할 수 있다.

"네가 나를 보호하려 한다는 걸 알아. 나를 도와줘서 감사하게 생각해. 고마워."

두려운 생각이 당신을 보살피려 한다는 사실을 인정하라.

미러 워크를 통해 두려움을 관찰하고 다루다 보면 당신이 진정으로 꺼리는 것은 두려움 자체가 아니라는 사실을 알게 된다.

두려움을 극장 스크린에서 보는 이미지라고 생각하라. 스크린에 보이는 것은 실재가 아니다. 영화는 단지 필름에 담긴 프레임이 빠르게 지나가는 것일 뿐이다. 당신이 계속 품고 있지 않으면 두려움도 그렇게 지나갈 것이다.

두려움은 정신을 제약한다. 당신은 병에 걸리거나, 직장이나 사랑하는 사람을 잃거나, 사랑하는 사람이 떠날까봐 두려워한다. 그러면 두려움은 방어기제가 된다. 반면 미러 워크를 통해 머릿속에서 두려운 상황을 재연하는 일을 멈추면 훨씬 강한 힘을 얻을 수 있다.

필자는 우리가 사랑과 두려움을 선택할 수 있다고 믿는다. 우리는 변화에 대한 두려움, 변하지 않는 것에 대한 두려움, 미래에 대한 두려움, 위험을 감수하는 것에 대한 두려움을 느낀다. 우리는 관계를 두려워하고, 외로움을 두려워한다. 우리는 우리에게 무엇이 필요하고 우리가 어떤 사람인지 알리는 것을 두려워한다. 우리는 과거를 떠나보내는 것을 두려워한다. 그러나 마음은 상반되는 생각을 동시에 담아두지 못한다.

두려움의 반대편에는 사랑이 있다. 사랑은 우리 모두가 바라는 기적을 일으킨다. 당신은 자신을 사랑할 때 자신을 보살필 수 있다.

겁이 난다는 것은 자신을 사랑하고 신뢰하지 않고 있다는 의미임을 상기하라. 두려움의 근원에는 자신이 부족하다는 믿음이 자리 잡은 경우가 많다. 자신을 완전히 사랑하고 인정하면 두려움을 극복할 수 있다.

당신의 마음과 몸 그리고 정신을 더 강하게 만들기 위해 할 수 있는 모든 일을 하라. 거울과 당신의 내면에 깃든 힘을 활용하라.

이렇게 되뇌라.

"다 괜찮아. 모든 게 잘 될 거야. 나는 안전해. 사랑은 나의 힘이야. 오직 사랑만이 진짜야."

나는 언제나 완벽하게 보호를 받는다

명심하라. 두려운 생각은 단지 당신을 보호하기 위한 것이다. 두려움에게 "나를 도와주려 하는 것을 고맙게 생각해"라고 말하라. 그리고 특정한 두려움에 대응하는 암시를 하라.

두려움을 인정하고 고마워하되 힘이나 중요성을 부여하지 마라.
"잠시 뒤돌아볼 수 있게 해주는 두려움, 네가 고마워. 하지만 계속 두려워하지는 않을 거야."
"나는 두려워. 하지만 그뿐이야. 다 괜찮아질 거야."
"두렵기 때문에 잠시 쉬어가는 것뿐이야. 곧 사랑이 나에게 힘을 줄 거야."
"두려움보다 사랑이 더 강해. 두려움보다 사랑이 더 중요해. 사랑이 있는 한 두려움은 계속 나를 괴롭힐 수 없어."
이런 식으로 말이다.

Overcoming Your Fear
안전하고 사랑이 가득한 세상을 만들라

오늘 그리고 하루하루를 배움의 시간, 새로운 시작으로 여겨라. 매일 변화하고 성장할 기회, 새로운 차원으로 의식을 열고 새로운 생각과 사고방식을 고려할 기회, 우리가 꿈꾸는 세상을 그릴 기회다. 우리의 이상은 그런 세상을 창조하는 데 도움을 준다. 우리 자신과 우리의 세상을 새롭고 강력한 관점으로 바라보자. 모두가 위엄을 지니고, 인종이나 국적이 무엇이든 모두가 권리와 안전을 누리는 세상을 그려라. 아이들이 어디서나 귀하고 소중하게 대접받고 모든 아동학대가 사라지는 모습을 보라. 수많은 학교가 귀중한 시간을 할애해서 아이들에게 자신을 사랑하는 법, 관계를 맺는 법, 부모가 되는 법, 돈을 관리하고 재정적인 안전을 확보하는 법 같은 중요한 것들을 가르치는 모습을 보라. 모든 아픈 사람이 다시 건강해지는 모습, 의사들이 건강과 활력을 유지하는 방법을 알게 되면서 질병이 과거의 유물이 되는 모습을 보라. 고통과 괴로움이 사라지고 병원은 주거용으로 바뀌는 모습을 보라.

모든 노숙자가 보살핌을 받고 일하기를 원하는 모든 사람에게 일자리가 주어지는 세상을 그려라. 교도소가 교도관과 수감자의 자부심과 자존감을 키워주고, 삶을 사랑하는 책임감 있는 시민들을 풀어주는 모습을 보라. 교회가 설교에서 죄악과 죄책감을 제거하고 신도들이 신성한 마음을 표현하고 최고의 선을 찾도록 도와주는 모습을 보라. 정부가 정의롭고 자비롭게 모두를 대하며 국민을 진정으로 보살피는 모습을 보라. 모든 기업에서 탐욕이 사라지고 정직과 공정성이 되살아나는 모습을 보라. 모든 폭력행위가 사라지고 남성과 여성이 위엄 있게 살 수 있도록 서로의 힘을 북돋는 모습을 보라. 맑은 물과 영양가 있는 음식 그리고 깨끗한 공기가 모두에게 주어지는 모습을 보라.

이제 밖으로 나가 시원한 비를 느껴라. 비가 그치면 구름이 걷히고 해가 나오면서 아름다운 무지개가 뜬다. 깨끗한 공기를 마셔라. 그 신선한 내음을 맡아라. 강과 호수에서 반짝이는 물을 보라. 우거진 숲, 풍성한 꽃, 모두에게 주어지는 과일과 야채 등 사방에 넘치는 식물을 보라.

전 세계에 걸쳐 모두가 조화를 이루며 평화와 풍요를 누리는 모습을 보라. 우리가 무기를 내려놓고 마음을 열면서 평가와 비판 그리고 편견은 낡은 것으로 소멸하는 모습을 보라. 국경이 무너지고 구분이 사라지는 모습을 보라. 우리 모두가 서로를 아끼는 진정한 형제자매로 하나가 되는 모습을 보라.

우리의 지구, 대자연이 치유되고 온전해지는 모습을 보라. 지구가 안도의 한숨을 쉬고 평화가 깃들면서 자연재해가 사라지는 모습을 보라.

이 세상에서 일어나기를 바라는 또 다른 긍정적인 일들을 생각하라. 이런 생각들을 머릿속에 떠올리고 그릴수록 안전하고 사랑이 가득한 새로운 세상을 만드는 데 도움이 된다.

1 지금 당신은 무엇이 가장 두려운가? 그것을 포스트잇에
써서 거울 왼쪽에 붙여라. 그 두려움을 인정하라. 그
두려움에게 이렇게 말하라.

> "네가 나를 보호하려 한다는 걸 알아. 나를 도와줘서
> 감사하게 생각해. 고마워. 이제 너를 놓아줄게. 네가
> 떠나도 나는 안전해."

그다음 포스트잇을 찢어서 쓰레기통에 버리거나
변기에 흘려보내라. 두려움을 어떻게 제거하든, 요점은
배출하는 것이다.

2 다시 거울을 보고 이 암시를 반복하라.

> "나는 사랑하고 신뢰한다. 사랑과 삶은 나를 보살핀다.
> 나는 나를 만든 힘과 하나다. 나는 안전하다. 모든
> 일이 잘 될 것이다."

3 이제 거울을 보며 나의 호흡을 관찰하라. 우리는 종종
겁에 질렸을 때 호흡을 멈춘다. 위협이나 두려움을
느끼면 의식적으로 숨을 쉬어라. 두어 번 심호흡을
하라. 호흡은 내면에 힘이 솟아날 여지를 만든다.
호흡은 척추를 펴주고, 가슴을 열어주며, 심장이 부풀
여지를 준다.

4 자연스럽게 호흡하며 계속 관찰하라. 그동안 이렇게 되뇌라.

"○○○, 사랑해. 정말로 사랑해. 나는 삶을 믿어. 삶은 내게 필요한 모든 것을 줘. 두려워할 건 하나도 없어. 나는 안전해. 다 괜찮아."

일지: 감정 쓰기

1 다음 항목에 대해 당신이 품은 가장 큰 두려움을 적어라.

가족 :

_____

_____

_____

건강 :

_____

_____

_____

경력 :

_____

_____

_____

관계 : _____

_____

_____

금전 : _____

_____

_____

2 그다음 각각의 두려움에 대해 한 가지 이상의 긍정적인 암시를 적어라. 가령 "병에 걸려서 나 자신을 돌볼 수 없을까봐 두렵다"라고 적었다면 "나는 언제나 필요한 모든 도움을 얻을 것이다"라고 암시할 수 있다.

_____

_____

_____

_____

_____

_____

오늘은 정말
좋은 날이라고 믿기

Starting Your Day with Love

아침에 눈뜨면 '좋은 날이 될 거야!'라고 생각하라.
그러면 정말로 많이 웃을 수 있다.
긍정성은 그런 강력한 힘을 지녔다.

모든 것을 더 낫게 만드는 긍정의 힘

지금까지 당신은 미러 워크라는 수단을 통해 믿음의 패턴을 바꾸고 건강하지 않은 감정을 배출하는 방법을 배웠다. 미러 워크가 어떻게 삶을 바꿨는지 느끼기 시작했는가?

미러 워크를 활용하면 삶의 특정 영역을 치유할 수 있다. 그러기 위해 하루를 시작하는 방법부터 살펴보자. 잠자리에서 일어난 후 1시간이 대단히 중요하다는 사실을 알고 있는가? 이 시간을 보내는 방식이 남은 하루 동안의 경험을 좌우한다.

당신은 오늘을 어떻게 시작했는가?

아침에 일어났을 때 가장 먼저 한 말이 무엇인가?

불평했는가?

제대로 풀리지 않는 문제를 생각했는가?

대개 어떻게 하루를 시작하는지에 따라 삶의 방식이 드러난다.

아침에 욕실 거울을 처음 보면서 무슨 말을 하는가?

샤워를 할 때 무슨 말을 하는가?

옷을 입을 때 무슨 말을 하는가?

출근하기 위해 집을 나설 때 어떻게 하는가?

그저 문밖으로 달려 나가는가 아니면 그보다 먼저 좋은 말을 하는가?

차에 탈 때 어떻게 하는가? 문을 세게 닫으며 일하러 가는 것에 대해 투덜대는가 아니면 출근길에 마주치는 자동차들이 안전했으면 좋겠다고 기원하는가?

"젠장! 일어나야 하잖아!"라며 하루를 시작하는 사람이 너무 많다. 하루를 부정적으로 시작하면 절대 좋은 하루를 보낼 수 없다. 아침에 부정적인 마음을 가지면 하루가 끔찍해진다. 지금부터 아침을 시작하는 방식이 하루 동안 겪을 일을 좌우한다는 사실을 알려주겠다. 또한 긍정성의 힘이 모든 것을 더 낫게 만드는 양상을 배운다.

기분 좋은 시간 갖기

필자는 오랫동안 반복해온 아침 의식이 있다. 일어나자마자 침대로 약간 더 깊이 파고들며 숙면을 취하게 해준 침대에게 감사한다. 그리고 긍정적인 생각으로 하루를 시작한다. 가령 나 자신에게 이렇게 말한다.

"좋은 날이야. 정말로 좋은 날이 될 거야."

그다음 침대에서 일어나 화장실을 쓰고 기능하는 데 문제없는 몸에 감사한다.

스트레칭도 조금 한다. 우리 집 욕실 복도에는 운동용 봉이 설치되어 있다. 그 봉을 잡고 무릎을 가슴까지 3번 당긴 후 매달린다. 아침 스트레칭은 유연성과 건강을 유지하는 데 아주 효과적이다. 스트레칭을 한 다음에는 차 한 잔을 들고 침대로 간다. 나는 침대를 좋아한다. 우리 집 침대의 머리 판은 책을 읽거나 글을 쓸 때 기댈 수 있도록 적당한 각도로 기울어져 있다.

이렇게 몸과 마음을 스트레칭 하는 것이 아침 일과다. 그다음 본격적으로 하루를 준비한다. 하루를 준비하는 데 대개 2시간이 걸린다. 필자는 느긋하게 움직이는 것이 좋다. 그래서 천천히 하는 법을 익혔다.

아이를 학교에 보내야 하는 바쁜 엄마나 아빠라면 혹은 일찍 출근해야 한다면 적절하게 하루를 준비할 시간을 가지는 것이 중요하다. 필자라면 여유로운 아침 시간을 갖도록 더 일찍 일어날 것이다. 10분이나 15분밖에 되지 않아도 여유로운 시간은 반드시 필요하다. 이 시간은 당신을 돌보기 위한 것이다.

잠자리에서 일어나면 기분을 좋게 해주는 의식을 치르거나 말을 하는 것이 중요하다.

최고의 하루를 보낼 준비를 하라.

이런 변화를 한꺼번에 이룰 필요는 없다. 그냥 아침에 치를 하나의 의식을 골라서 시작하라. 그 의식이 자리 잡으면 다른 의식을 골라서 실행하면 된다. 무리하지 마라. 기분 좋은 시간을 갖는 것이 핵심임을 명심하라.

이렇게 되뇌라.

"오늘 나는 멋진 하루와 멋진 미래를 만든다."

나는 삶의 새로운 문을 연다

당신은 삶의 복도에 서 있다. 뒤쪽에는 많은 문이 닫혀 있다. 이 문들은 당신이 더는 실행하거나, 말하거나, 생각하지 않는 것들, 하지 않는 경험을 상징한다. 당신 앞에는 끝없이 이어진 문들이 있다. 각각의 문은 새로운 경험으로 이어진다.

앞으로 걸어가면서 진정으로 원하는 멋진 경험으로 이어지는 문들을 여는 당신의 모습을 보라. 기쁨, 평화, 치유, 성공, 사랑으로 이어지는 문을 여는 당신의 모습을 보라. 이해, 연민, 용서로 이어지는 문. 자유로 이어지는 문. 자부심과 자존감으로 이어지는 문. 자기애로 이어지는 문. 이 모든 문들이 당신 앞에 있다.
먼저 어느 문을 열 것인가?

내면의 안내자가 당신에게 가장 좋고 영적 성장이 지속적으로
이뤄지도록 당신을 이끌 것이라고 믿어라.

어느 문이 열리고 닫히든 당신은 언제나 안전하다.

Starting Your Day with Love
사랑을 위한 긍정적인 암시

이 암시들이 실현될 것임을 믿어라. 자주 기쁜 마음으로 암시
하라.

> "때때로 나는 사랑하는 사람들에게 어떻게 하면
>   내가 당신을 더 많이 사랑해줄 수 있는지 물을 거야.
>   당신을 사랑해. 더 많이 사랑하고 싶어."
> "나는 내 주위를 사랑의 눈으로 명확하게 볼 거야.
>   내가 보는 모든 것들을 사랑해."
> "나는 내 삶 속으로 사랑과 로맨스를 끌어들이며
>   지금도 받아들일 거야. 오늘도 사랑에 빠졌어!"
> "사랑은 사방에 있으며, 기쁨이 나의 세상을 가득 채울 거야.
>   여기에도 사랑, 저기에도 사랑이야."
> "나는 매일 접하는 사랑에서 기쁨을 얻을 거야.

내가 가는 곳 어디든 사랑이 넘쳐!"

"나는 편안하게 거울을 보며 '사랑해. 정말로 사랑해'라고
말할 거야."

"나는 지금 사랑, 로맨스, 기쁨 그리고 삶이 안길 수 있는
모든 좋은 것을 누릴 자격이 있어."

"나는 사랑으로 둘러싸여 있어. 모든 것이 완벽하게 좋아."

"나는 진정으로 사랑하는 사람과 즐겁고 친밀한 관계를 맺고 있어."

"나는 아름다우며, 모두가 나를 사랑해줘."

"어디를 가든 모두가 사랑으로 나를 맞이해."

"나는 건강한 관계만 맺을 거야.
나는 항상 정성스럽게 대우해주는 사람들과 소통할 거야."

"나는 내 삶에 존재하는 모든 사랑에 감사해.
사랑은 모든 곳에 있어."

"사랑은 기적이야. 나는 기적과 함께 할 거고,
기적을 불러올 수도 있어."

DAY 13 미러 워크

1 아침에 깨어나 눈을 떴을 때 이렇게 되뇌라.

"침대야, 좋은 아침! 편안하게 잘 수 있게 해줘서 고마워.
사랑해. 오늘은 축복받은 날이야. 모든 게 좋아. 오늘
해야 하는 모든 일에 필요한 시간이 있어."

2 이제 몇 분 동안 긴장을 풀고 이 암시가 머리를 거쳐
심장과 몸 전체로 흘러가게 하라.

3 잠자리에서 일어난 후 욕실 거울로 가라. 당신의 눈을
깊이 들여다보라. 당신을 바라보는 아름답고, 행복하고,
느긋한 사람에게 미소를 지어라!

4 거울을 바라보며 이렇게 되뇌라.

"OOO, 좋은 아침. 사랑해. 정말로 사랑해.
오늘 좋은 일이 많이 생길 거야."

그다음 자신에게 이렇게 말하라.

"오늘 아주 멋져 보여. 미소가 정말 최고야.
오늘 좋은 하루 보내길 바라."

일지: 감정 쓰기

1 아침에 치를 의식을 만들어라. 긍정적이고, 행복하고, 자신을
  응원하는 방식으로 하루를 시작하기 위해 취할 수 있는 모든 단계를
  적어라.

_____

_____

_____

_____

_____

_____

_____

_____

_____

_____

_____

2 아침 의식의 각 단계에서 말할 수 있는 두세 가지 암시를 적어라. 옷을 입을 때, 아침식사를 준비할 때, 차에 타서 출근길에 오를 때 할 수 있는 암시를 적어라.

_____

_____

_____

_____

_____

_____

_____

_____

_____

_____

3 아침 의식 때 할 수 있는 암시의 사례를 더 보고 싶다면 내가 셰릴 리처드슨과 같이 쓴 《당신도 특별한 삶을 만들 수 있다 You Can Create an Exceptional Life》의 뒷부분을 참고하라.

과해도 좋다,
나를 칭찬하자

Loving Yourself:
A Review of Your Second Week

영원토록 함께할 수 있는 단 한 사람이 있다.
바로 나 자신이다.
내가 이룬 모든 것을 자랑스러워하고 칭찬하라.
"너 정말 대단하구나! 멋지다. 또 해냈어!"

나 자신의 모든 노력 인정하기

당신은 여전히 매일 친구인 거울 앞에 서서 더 많은 사랑을 삶 속
에 불어넣는 많은 방법을 익히고 있다. 당신은 사랑과 기쁨 그리
고 삶이 안길 수 있는 온갖 좋은 것을 누릴 자격이 있다.

아직도 미러 워크가 약간 실없고 불편하게 느껴질 수 있다. 그래
도 괜찮다. 매일 새로운 훈련을 할 때 인내심을 가질 것을 권한
다. 변화는 어려울 수도 있고, 쉬울 수도 있다. 미러 워크는 자신

을 사랑하고 수용하기 위한 여정임을 명심하고 당신이 기울이는 모든 노력을 인정하라.

당신은 이미 아주 많은 것을 이뤘다. 당신은 거울이 말과 행동을 훨씬 잘 인식하는 데 도움이 된다는 사실을 확인했다.

당신은 도움이 되지 않는 모든 것을 떠나보내는 방법을 배우고 있다. 당신은 혼잣말을 더 잘 인식하고 세심하게 귀 기울이며, 긍정적인 암시로 바꾸는 법을 배우고 있다. 또한 당신은 내면의 비판자를 당신의 노력과 헌신을 칭찬하는 열성 팬으로 바꾸기 위해 열심히 애쓰고 있다. 정말 잘했다!

계속해서 자신을 격려하기

지난주 2번의 미러 워크를 통해 당신의 내면에 있는 아이를 다뤘다. 당신은 용기 있게 두 가지 훈련을 잘 치렀다. 자신에게 큰 환호를 보내라!

당신은 자신을 내면의 아이에게 소개했다. 그리고 그 아이가 느끼는 감정을 이해하기 시작했다. 또한 당신은 그 아이를 품에 안고 안전과 사랑을 느끼도록 만들고 있다. 당신이 자신을 사랑하는 일에서 이처럼 큰 진전을 이룬 것이 너무나 자랑스럽다.

지금까지 미러 워크를 해낸 후 당신은 몸이 내면의 생각과 믿음을 반영하는 양상을 알아가고 있다. 또한 몸이 보내는 메시지에 주의를 기울이고 있다. 당신은 몸에 필요한 사랑의 영양분, 즉

용기를 북돋는 생각과 긍정적인 암시를 제공하고 있다. 또한 부정적이라도 감정과 생각을 솔직하게 표현하는 것이 얼마나 좋은 일인지 깨달아가고 있다.

당신은 다른 사람에 대한 분노를 배출하기 위해 당신이 기울인 노력과 훈련을 격려해야 한다. 그것은 삶을 진정으로 바꿀 수 있는 치유의 경험이다.

당신은 미러 워크를 통해 두려움을 관찰하고 다독임으로써 아주 중요한 교훈을 얻었다. 두려움은 당신의 정신을 제약할 뿐이라는 것. 당신은 언제나 사랑과 두려움 사이에서 하나를 선택할 수 있다.

또한 당신은 필자가 가장 좋아하는 원칙, 바로 하루를 시작하는 모습이 대개 삶을 살아가는 방식이라는 원칙을 익혔다. 당신이 사랑과 함께 하루를 시작하려고 노력하는 모습은 필자를 아주 보람되게 만든다. 그런 노력은 남은 하루를 위해 긍정적인 분위기를 조성한다.

당신이 지금까지 얼마나 많은 것을 배웠는지 알겠는가? 미러 워크를 통해 새로운 경험을 하는 동안 계속 자신을 격려하라. 내가 당신 곁에 있다는 사실을 항상 기억하라.

이렇게 되뇌라.

"나는 미러 워크가 가르쳐주는 모든 멋진 것을 받아들일 준비가 되어 있다."

나는 오직 나의 훌륭한 면만을 볼 것이다

당신의 마음과 삶에서 모든 부정적이고, 파괴적이고, 두려운 생각을 제거하겠다고 결심하라. 더는 해로운 생각이나 대화에 귀 기울이거나 참여하지 마라.

당신이 상처받기를 거부하므로 오늘은 누구도 당신을 해칠 수 없다. 당신은 아무리 정당해 보여도 상처를 입히는 감정에 휩쓸리기를 거부한다.

당신은 분노나 두려움을 안기려는 모든 것을 넘어선다. 파괴적인 생각은 당신에게 아무 힘을 발휘하지 못한다.

당신은 삶에서 창조하고 싶은 것만 생각하고 말한다. 당신은 해야 하는 모든 일에 더없이 적합한 사람이다. 당신은 당신을 창조한 힘과 하나다. 당신은 안전하다. 당신의 세계에서는 모든 것이 괜찮다.

Loving Yourself

나의 힘을 느껴라

새로운 날을 사랑과 함께, 두 팔 벌려 환영하라.

당신의 힘을 느껴라.

호흡의 힘을 느껴라.

목소리의 힘을 느껴라.

사랑의 힘을 느껴라.

용서의 힘을 느껴라.

변하고자 하는 의지의 힘을 느껴라.

당신은 아름답다. 당신은 신성하고 장엄한 존재다.

당신은 일부 좋은 것이 아니라 모든 좋은 것을 누릴 자격이 있다.

당신의 힘을 느끼고, 그 힘과 함께 평온하라.

당신은 안전하니까.

미러 워크

1 당신이 진정으로 행복하던 어린 시절의 사진을 찾아라.
가령 생일파티 때 찍은 사진이나 친구들과 노는 사진
혹은 좋아하는 곳에서 찍은 사진이 있을 것이다.

2 그 사진을 욕실 거울에 붙여라.

3 사진 속의 활기차고 행복한 아이에게 말을 걸어라. 다시
그런 느낌을 받고 싶다고 말하라. 내면의 아이와 함께
진정한 감정과 당신을 억누르는 것에 대해 대화하라.

4 이렇게 자신에게 되뇌라.

"나는 모든 두려움을 기꺼이 내보낼 것이다. 나는
안전하다. 나는 내면의 아이를 사랑한다. 나는
행복하다. 나는 만족한다. 나는 사랑받고 있다."

5 이 암시를 10번 반복하라.

일지: 감정 쓰기

1 일지를 꺼내서 7일차 페이지를 열어라.

2 그날 미러 워크를 하면서 적은 내용을 읽어라.

_____

_____

_____

_____

3 새 페이지에 2주가 지난 지금 느끼는 감정과 감상을 적어라.
     미러 워크가 갈수록 쉬워지는가? 거울을 바라보는 것이 더
     편해졌는가?

_____

_____

_____

_____

_____

4 가장 잘되는 부분과 가장 힘든 부분을 적어라.

_____

_____

_____

_____

_____

5 힘든 부분에 도움이 되는 새로운 미러 워크와 암시를 만들어라.

_____

_____

_____

_____

_____

_____

제3장

내 삶이 드디어
변하기 시작했다

Mirror

15

용서는 상대방이 아닌 나를 위한 것

Forgiving Yourself and Those Who Have Hurt You

당신의 마음과 거울 앞에서 이뤄지는 용서.
잊고 싶은 지난 일들을 떠나보내라.
그다음 당신이 만든 '미움'이란 감옥에서 빠져나와라.
"나는 기꺼이 용서할 거야. 다 괜찮아."

용서하지 않으면 행복해질 수 없다

지난 2주 동안 당신은 자신의 몸과 마음을 가로막은 여러 가지 오래되고 낡은 믿음들을 떠나보내기 위해 애썼다. 분명 쉽지 않은 일이었을 테니 당신이 이룬 진전을 축하하라. 오늘 한결 가벼운 마음으로 거울을 보는 기분이 어땠는가? 숨을 깊이 들이마셔라. 이제 숨을 내쉬며 이렇게 말하라.

"아! 지난 일들을 떠나보내니 너무 기분이 좋아!"

타인을 용서하는 일은 누구나 어려워한다. 우리는 오랫동안 우리를 옭아매는 장애물을 만든다.

이제부터 나 자신과 나에게 상처 입힌 사람들을 용서하는 방법을 배워 보자. 당신은 할 수 있다.

용서는 자기애를 향해 우리의 마음을 열어준다. 자신을 사랑하는 것이 어려우면, 계속해서 자신을 용서하지 못하는 상태에 갇힐 수 있다. 많은 사람은 오랫동안 자신을 불편하게 한 타인(들)에게 앙심을 품는다. 우리는 다른 사람이 잘못했고 자기 자신은 정당하다고 생각한다. 그렇게 되면 자기정당화에 따른 원한의 감옥에 갇힌다. 이런 경우 정당성은 얻을지 몰라도 결코 행복해지지 못한다.

이 말에 이렇게 반박할 수 있다.

"당신은 그 사람이 나한테 무슨 짓을 했는지 모르잖아요. 그런 짓은 절대 용서할 수 없어요."

용서하지 않으려는 태도는 당신 자신에게 아주 해롭다. 반감을 품는 일은 매일 독을 삼키는 것과 같다. 그것이 마음속에 축적되어 해를 입힌다. 과거에 계속 얽매이면 건강하거나 자유로워질 수 없다.

용서해야 한다고 해서 반드시 용서할 사람에게 다가가 "용서한다"고 말할 필요는 없다. 대부분의 용서는 당신의 마음과 거울 앞에서 이루어진다.

용서는 다른 사람이 아니라 당신을 위한 것이다.

누군가를 진심으로 용서한 지 한두 달 후에 그 사람에게 용서해 달라는 전화나 이메일을 받았다고 말하는 사람들이 아주 많았다. 그들이 거울 앞에서 용서 훈련을 한 후 이런 일이 많이 일어났다.

이렇게 되뇌라.

"나 자신을 용서하면 다른 사람을 용서하기가 쉬워진다."

복수하려고 시간 낭비하지 않기

다른 사람들을 괴롭히는 사람 중에 대부분은 어린 시절에 자신도 괴롭힘을 당했다. 그들이 당한 폭력의 수준이 높을수록 내면의 고통과 공격성이 심해진다. 그들의 행동을 용인하거나 양해할 수 있다는 말이 아니다. 다만 당신 자신의 영적 성장을 위해 그들의 고통을 인식해야 한다는 뜻이다.

당신이 연연해하는 사건은 이미 오래전에 지나갔다. 떠나보내라. 자신에게 자유를 허용하라. 당신이 만든 감옥에서 나와라. 비유하자면, 따뜻하게 내리쬐는 삶 속으로 들어서라. 뭔가 잘못된 상황이 지속된다면 왜 자신이 계속 이런 고통을 받는지 자문하라. 어째서 이런 잘못된 상황에서 벗어나지 못하고 있는가?

당신은 둘 중에 하나를 선택할 수 있다. 하나는 계속 잘못된 상황에 갇혀서 고통 받는 것이다. 다른 하나는 후회스러운 과거를 잊고 즐겁고 충만한 삶으로 나아가는 것이다. 당신은 선택할 수 있으니 원하는 삶을 살 자유도 있다.

당신이 여러 명의 타인을 용서할 수도, 혹은 한 명만 용서할 수도 있는 날이 왔다. 어느 쪽이든 이 훈련은 당신에게 올바른 방식이다. 우주와 용서는 당신의 노력을 본다.

때때로 용서는 양파의 껍질을 벗기는 것과 같다. 껍질이 너무 많으면 하루 정도 양파를 옆으로 제쳐둬라. 언제든 다시 껍질을 벗길 수 있다. 기꺼이 이것을 하려는 자신의 노력을 인정하라. 당신은 치유될 것이다.

오늘은 삶에서 오직 사랑스런 경험만 허용할 만큼 당신의 자존감을 높여라. 복수하기 위해 시간 낭비하지 마라. 복수는 결코 성공하지 못할 것이다.

당신이 타인에게 저지른 행동은 반드시 되돌아온다. 그러니 과거를 접어두고 지금 자신을 사랑하는 일에 매진하라. 그러면 멋진 미래가 펼쳐질 것이다.

나는 용서할 수 있다

나는 삶과 하나이며, 삶은 나를 사랑하고 뒷받침한다. 따라서 나는 사랑으로 가득한 열린 마음을 가질 것이다. 우리는 모두 언제나 최선을 다하고 있으며, 나도 마찬가지다.

과거는 지나갔다. 나는 나의 부모와 다르며, 그들처럼 분노의 패턴에 얽매이지 않는다.

나는 고유하며, 마음을 열고 사랑과 연민, 이해가 과거의 모든 아픈 기억을 씻어 내리도록 할 것이다.

나는 자유롭게 내가 원하는 모든 것이 될 수 있다. 이것이 내 존재의 진실이며, 나는 그 진실을 받아들인다.

내 삶의 모든 것이 괜찮다.

Forgiving Yourself

용서를 위한 긍정 암시

다음은 용서를 위한 몇 가지 긍정적인 암시다. 자주 반복하라.

"내 마음을 향한 문은 안으로 열린다. 나는 용서를 통해 사랑에 닿는다."

"생각을 바꾸면 나를 둘러싼 세계도 바뀐다."

"과거는 지나갔기에 지금은 아무 힘도 없다. 이 순간의 생각이 나의 미래를 만든다."

"희생자가 되는 것은 재미없다. 나는 더 이상 무력해지기를 거부한다. 나는 나의 힘을 취할 것이다."

"나는 나 자신에게 과거로부터의 자유를 선물하며, 기쁨으로 지금 이 순간을 맞는다."

"사랑으로 풀기에 너무 크거나 작은 문제는 없다."

"나는 치유 받을 준비가 되었고, 기꺼이 용서할 것이며, 모든 것이
괜찮다."

"나는 오래되고 부정적인 패턴이 더 이상 나를 옥죌 수 없다는
사실을 안다. 나는 수월하게 그 패턴을 떠나보낸다."

"이제는 어린 시절의 모든 트라우마를 잊고 사랑으로 나아가도
안전하다."

"나는 과거에 내게 잘못한 모든 사람을 용서한다. 나는 그들을
사랑으로 풀어준다."

"내 앞에 놓인 삶의 모든 변화는 긍정적이며, 나는 안전하다."

DAY 15 미러 워크

거울 앞에서 용서하려는 마음을 가질 때 가장 큰 혜택을 누릴
수 있다. 이 용서하기는 거울 앞에 편하게 앉아서 할 것을
권한다. 참고로 필자는 욕실 문 뒤에 붙은 전신거울을 즐겨
사용한다. 시간을 들여 용서하려는 마음을 가져라. 그러면
아마 자주 반복하고 싶어질 것이다. 우리 중에 대부분은
용서할 사람이 많다.

1   거울 앞에 앉아서 눈을 감아라. 여러 번 심호흡을 하라.
의자에 자리 잡은 자신을 느껴라.

2   지금까지 당신에게 상처를 입힌 많은 사람을 생각하라.
그들이 머릿속으로 지나가게 하라. 이제 눈을 뜨고 그들
중 한 명에게 크게 말하라.

"당신은 내게 큰 상처를 줬어. 절대 극복할 수 없는
상처라고 생각했지. 하지만 더는 과거에 얽매이지 않을
거야. 당신을 용서할게."

아직 그렇게 할 수 없다면 이렇게 되뇌라.

"나는 용서할 의지를 가지고 있다."

의지는 용서를 향해 나아가는 데 필요한 모든 것이다.

3   호흡을 한 후 머릿속에 떠오른 사람에게 이렇게 말하라.

"당신을 용서할게. 당신을 놓아줄게."

다시 호흡을 하고 이렇게 말하라.

"이제 당신은 자유로워. 나도 자유로워."

4   기분이 어떤지 살펴라. 저항감이 느껴질 수도 있고
후련함이 느껴질 수도 있다. 저항감이 느껴진다면
호흡을 하며 이렇게 되뇌라.

"나는 모든 저항감을 내보낼 의지가 있다."

5   오늘이나 다른 날에 이 미러 워크를 할 때 용서할
사람의 명단을 늘려라. 용서는 사건이 아니라 과정임을
명심하라. 어떤 사람의 경우는 용서를 향해 조금씩
다가가느라 시간이 오래 걸릴 수도 있다.

일지: 감정 쓰기

1 긴장을 풀고 가볍지만 평화로운 느낌을 주는 음악을 들어라. 이제 감정 쓰기 일지와 펜을 들고 의식이 흘러가게 하라.

2 과거로 돌아가 자신에게 분노하는 모든 것을 생각하라. 그 내용을 적어라. 모두 적어라. 그러면 초등학교 1학년 때 창피하게 바지에 오줌을 싼 일을 가지고 아직도 자신을 용서하지 않았다는 사실을 알게 될지도 모른다. 그런 마음의 짐을 지고 다니기에는 살아갈 시간이 얼마나 긴가!

---

3 이제 그 목록을 가지고 각 항목에 대해 긍정적인 암시를 적어라. 가령 '나는 (어떤 사건)에 대해 절대 나를 용서하지 않을 거야'라는 항목에는 이런 암시를 적을 수 있다.

"지금은 새로운 순간이야. 나는 자유롭게 과거를 떠나보낼 수 있어."

때때로 자신보다 타인을 용서하기가 더 쉽다는 사실을 명심하라. 우리는 종종 자신에게 완벽을 요구하며, 타인보다 자신에게 더 엄격하게 군다. 이제는 이 오랜 태도를 넘어설 때가 되었다. 자신을 용서하라. 떠나보내라. 자신에게 자연스럽고 자유로워질 여지를 제공하라.

4 이제 일지를 내려놓고 해변이든, 공원이든, 공터든, 밖으로 나가서 달려라. 천천히 달리지 말고 거칠고 자유롭게 달려라. 공중제비를 돌아라. 거리를 뛰어다니며 웃어라! 내면의 아이를 밖으로 데려가 같이 놀아라. 사람들이 보면 어떤가! 이렇게 하는 이유는 당신이 자유로워지기 위해서다!

나 자신과 관계를 잘 맺는 법

Healing Your Relationships

온전하지 못한 인간관계를 회복하라.
내 안에 있는 새로운 사랑을 찾아라.
"내 안의 깊은 곳에 있는 사랑으로 나를 더 사랑할 거야."
"나부터 사랑해야 타인도 사랑할 수 있어."

나 자신과의 관계부터 개선하기

용서는 우리 모두가 바라던 기적의 치유제다. 당신은 아마 오늘 훨씬 가뿐하고 아름다운 기분을 느낄 것이다. 당신의 자유를 축하하고 사랑으로 자신을 둘러싸라.

사랑은 오늘 우리가 다룰 주제다. 당신은 지난 사랑을 떠나보내거나, 손상된 관계를 회복하거나, 새로운 사랑을 찾고 싶을지도 모른다.

바로 지금 거울을 바라보라. 멋지고 사랑스러운 사람이 당신을 마주 보고 있는가? 그 사람은 당신에게 가장 중요한 사람, 바로 당신 자신이다!

타인과의 관계를 치유하고 싶다면 가장 먼저 자기 자신과의 관계를 개선해라. 당신이 자기 자신과 같이 있고 싶어 하지 않는데 누가 당신과 같이 있고 싶어 할까? 당신이 자신과 행복하면 다른 모든 관계도 개선된다.

행복한 사람은 다른 사람들에게 대단히 매력적이다. 더 많은 사랑을 찾는다면 자신을 더 사랑해야 한다. 이는 어렵게 느껴지지만 어찌 보면 실로 간단한 일이다.

이 말은 비판하지 말고, 불평하지 말고, 비난하지 말고, 징징거리지 말고, 외로움을 선택하지 말라는 뜻이다. 또한 현재의 자신에게 만족하고 기분 좋은 생각을 하라는 뜻이다.

나는 사랑이다

사랑을 경험할 수 있는 정해진 방식은 없다. 모두 각기 다른 방식으로 사랑을 경험한다. 어떤 사람은 포옹이나 입맞춤처럼 접촉을 먼저 해야 사랑을 경험했다고 생각한다. 또 어떤 사람은 "사랑해"라는 말을 들어야 한다. 또 어떤 사람은 꽃 선물처럼 사랑의 징표를 봐야 한다. 대개 사랑을 받을 때 우리가 선호하는 방식은 사랑을 되돌려줄 때 가장 편하게 여기는 방식이기도 하다.

매일 거울을 활용하여 자신을 사랑하려는 노력을 기울이기 바란다.

가능한 모든 순간에 애정이 담긴 암시를 말하라. 자신에게 로맨스와 사랑을 베풀어라. 자신을 애지중지하라. 자신에게 당신이 얼마나 특별한지 보여줘라.

삶은 언제나 우리가 내면에 품은 감정을 다시 비춰준다. 내면에 사랑과 로맨스의 감각을 기르면 친밀함을 나눌 사람을 자석처럼 끌어당길 수 있다.

외로운 생각에서 충만한 생각으로 나아가고 싶다면 내면과 주위에 사랑이 가득한 정신적인 분위기를 만들어야 한다.

사랑과 로맨스에 대한 모든 부정적인 생각은 떠나보내라. 대신 만나는 모든 사람과 사랑, 인정, 수용을 나누는 것을 생각하라.

자신을 진정으로 사랑하면 중심이 잡히고, 차분하고, 안정된 모습을 유지할 수 있다. 또한 가정과 직장에서 맺는 대인관계도 훨씬 좋아질 것이다. 자신이 사람과 상황에 다르게 대응하는 모습을 볼 것이다. 이전에는 대단히 중요하게 보이던 문제들이 더는 그렇지 않을 것이다. 새로운 사람들이 당신의 삶 속으로 들어올 것이며, 아마도 일부 과거의 사람들은 사라질 것이다.

이런 변화는 처음에는 두려울 수 있지만 동시에 신선하고 흥미로울 수도 있다.

즐거운 생각을 하면 행복한 사람이 된다는 사실을 명심하라. 모두가 당신과 같이 있고 싶어 할 것이고, 당신이 맺은 모든 관계는 개선되고 발전할 것이다.

이렇게 되뇌라.

"나라는 존재의 깊은 중심에는 무한한 사랑의 우물이 있다. 나는 사랑이다."

나는 사랑의 원 안에서 산다

살아 있든 아니든 당신의 가족을 사랑의 원으로 둘러싸라.

그 원을 넓혀서 친구, 연인, 동료, 과거에 알던 모든 사람, 용서하고 싶지만 방법을 찾지 못한 모든 타인을 둘러싸라.

그들 모두와 서로 존중하고 아끼는 멋지고 조화로운 관계를 맺고 있다고 되뇌라.

당신이 위엄과 평화, 기쁨이 있는 삶을 살 수 있다고 믿어라.

사랑의 원으로 온 세상을 둘러싸고 내면에 무조건적인 사랑이 가득하도록 마음을 열어라.

Healing Your Relationships
사랑은 치유다

사랑은 가장 강력한 치유력을 지닌다. 당신이 아는 모든 사람에게 넉넉한 평온과 수용, 지지, 사랑을 보내라. 이런 생각들이 당신에게로 되돌아온다는 사실을 인식하라.

살아 있든 아니든 당신의 가족과 친구, 동료, 그리고 과거에 알던 모든 사람을 둘러싼 사랑의 원을 그려라.

당신 자신을 그 안에 넣어라. 당신은 사랑받을 가치가 있다.

당신은 아름답다.

당신은 강하다.

당신의 내면에 있는 모든 좋은 것과 무조건적 사랑을 향해 자신을 열어라.

이렇게 되뇌라.

"나는 사랑을 향해 나 자신을 연다."

"나는 기꺼이 사랑하고 사랑받을 것이다."

"나는 나 자신이 성공하고, 건강하며, 창조적 욕구를 충족하는 모습을 본다."

"나는 서로 존중하고 보살피는 멋지고 조화로운 관계를 맺고 있다."

미러 워크
|||||||||||||||||||||||||

1 2일차 미러 워크로 돌아가라.

2 거울 앞에 서라.

3 당신의 눈을 깊이 들여다보고 이렇게 되뇌라.

"사랑해. 정말로 사랑해."

4. 이번에는 당신의 이름을 넣어서 눈을 깊이 들여다보며
이렇게 말하라.

"ㅇㅇㅇ, 사랑해. 정말로 사랑해."

이런 암시는 계속 반복할 가치가 있다.

5 내 주위 사람들과의 관계에 문제가 있다면 당신의 눈을
들여다보고, 심호흡을 한 다음 이렇게 말하라.

"나는 나를 보살피고 돌보지 않는 관계에 대한 욕구를
배출할 것이다."

거울 앞에서 이 암시를 5번 반복하되 말할 때마다 더
깊은 진심을 넣어라. 또한 말할 때 구체적인 관계를
생각하라.

일지: 감정 쓰기

1 어린 시절에 사랑을 어떻게 경험했는지 써라. 부모가 사랑과 애정을
표현하는 모습을 접했는가? 포옹을 많이 받으며 컸는가? 가족들
사이에서 사랑이 다툼, 울음, 침묵 뒤에 가려져 있었는가?

_____

_____

_____

_____

_____

_____

_____

_____

_____

_____

_____

_____

2 사랑에 대한 10가지 암시를 적고 거울 앞에서 말하라. 다음은 몇
가지 예다.

"나는 사랑받을 자격이 있다."

"사랑에 대해 마음을 열수록 나는 더 안전해진다."

"오늘 나는 삶이 나를 사랑한다는 사실을 명심할 것이다.

나는 사랑이 완벽한 순간에 나를 찾게 만들 것이다."

3 당신이 좋아하는 10가지 일을 적어라. 그중 5개를 골라서 오늘
하라.

---

4 몇 시간 동안 자신을 돌보는 일을 하라. 자신에게 꽃을 사주고, 몸에
좋은 음식을 먹이고, 당신이 얼마나 특별한지 보여줘라.

5 3단계를 이번 주 내내 반복하라!

스트레스 없이 살 수 있다

Living Stress Free

수많은 걱정거리를 떨치고 삶을 헤쳐 나가라.
거울을 보고 되뇌라.
"내일 다 해결될 거야! 걱정하지 마."

스트레스는 두려움에서 시작된다

심리치료사인 필자는 많은 이가 보낸 편지와 페이스북 페이지에 올린 댓글들을 보고 심한 스트레스에 시달리는 사람들이 많다는 사실을 알았다. 왜 스트레스를 받는가?

스트레스는 삶, 그리고 살면서 계속 불가피하게 겪어야 하는 변화가 두려워서 생긴다. 그런 두려움을 가진 사람이 생각보다 많아서 스트레스는 유행어가 됐을 정도다. 우리는 스트레스를 자신의 감정, 무엇보다 두려움에 대한 책임을 지지 않는 핑계로 삼는다. 그러나 스트레스를 두려움과 같은 것으로 인식하고 사실은 스트레스가 두려움에서 비롯된다는 것을 이해하면 삶에서 스트레스를 없앨 수 있다.

평화롭고 느긋한 사람은 두려워하거나 스트레스에 시달리지 않는다. 그러니 스트레스를 받는다면 무엇이 두려운지 자기 자신에게 물어라. 대다수 사람은 일, 돈, 가족, 건강을 위주로 수많은 걱정거리를 안고 있다. 따라서 당신이 신경 써야 할 부분은 두려움을 제거하고 안전함을 느끼며 삶을 헤쳐 나가는 것이다.

이 일은 미러 워크를 통한 긍정적인 암시로 시작할 수 있다. 그러면 부정적이고 제한적인 생각을 평온, 기쁨, 조화, 스트레스 없는 삶을 창출하는 긍정적인 생각으로 바꿀 수 있다.

필자가 즐겨 쓰는 표현으로 가능성의 총체성totality of possibilities이라는 것이 있다. 이 표현은 뉴욕에서 만난 스승 중에 한 명에게 배웠다. 이 표현은 언제나 가능하다고 생각하는 일, 내가 품고 자란 제한적인 믿음을 나의 정신이 뛰어넘도록 해주는 도약대를 제공했다.

당신은 탁월하다, 자신감을 갖기

어린 시절, 필자는 어른들이 나에게 가하는 비판 중에 상당수가 부당하다는 사실을 깨닫지 못했다. 스트레스를 받고 갖가지 일들에 자주 실망하던 그들은 나를 비판하기 일쑤였다. 나는 그 비판을 사실대로 받아들였다. 그 탓에 내면화한 부정적인 생각과 믿음은 오랫동안 내 삶을 가로막은 장애물이었다. 나는 어색하거나, 멍청하거나, 실없게 보이지 않았을 텐데도 스스로 그렇다고 느꼈다.

삶과 우리 자신에 대한 믿음 중에 대부분은 5세 무렵에 형성된다. 이 믿음은 십대 때 조금 추가되고, 이후 약간 더 추가될 수 있지만 전체적으로는 거의 변하지 않는다. 내가 어째서 그 믿음을 가지게 되었냐고 물으면 당신은 분명히 어린 시절에 내렸던 결정으로 거슬러 올라갈 것이다.

이처럼 우리는 다섯 살 때의 의식이 정한 한계 안에서 살아간다. 이 한계는 종종 우리가 가지고 있는 어마어마한 가능성을 경험하거나 표현하지 못하게 막는다. 우리는 '나는 똑똑하지 않아' '나는 산만해' '할 일이 너무 많아' '시간이 부족해'와 같은 생각을 한다. 여러분 중에 이토록 제한적인 생각에 발목이 잡힌 사람이 얼마나 많을까?

당신은 이런 한계를 받아들일지 아니면 넘어설지 선택할 수 있다. 당신이 느끼는 한계는 오직 정신적인 것일 뿐 현실과 무관하다는 점을 명심하라. 나는 한계에 부딪쳤다는 생각을 버리고 가능성의 총체성 속으로 들어서면 당신은 충분히 뛰어나다는 사실을 알게 될 것이다. 당신은 무슨 일이든 해낼 수 있는 필요한 자질을 지녔다. 당신은 무엇이든 해야 할 일을 감당할 수 있다.

또한 당신은 필요한 모든 시간을 가졌다. 당신은 온갖 가능성을 볼 수 있으며, 탁월한 일을 해낼 수 있다.

이렇게 되뇌라.

"나는 매일 더 자신감에 넘치고 능숙해진다. 나의 능력에는 한계가 없다."

나는 모든 한계를 뛰어넘을 수 있다

'가능성의 총체성'이라는 말은 당신에게 어떤 의미를 지니는 가? 이 말을 모든 한계를 뛰어넘을 수 있다는 의미로 받아들여라. 당신의 정신이 '할 수 없어' '통하지 않아' '시간이 부족해' '난관이 너무 많아'와 같은 생각들을 넘어서게 하라.

'나는 여자라서 못해' '나는 남자라서 못해' '필요한 게 없어'와 같은 한계를 얼마나 자주 표현하는지 생각해보라. 당신이 한계에 매달리는 이유는 그것이 중요하기 때문이다. 그러나 한계는 가능성의 총체성을 표현하고 경험하지 못하게 막는다. '못해'라고 생각할 때마다 당신은 자신을 제약하고 있다. 오늘 당신의 한계를 기꺼이 넘어서 보겠는가?

Living Stress Free
스트레스 없는 삶을 위해 암시하라

부정적이고 두려움이 가득한 생각은 삶에 더 많은 스트레스를

안길 뿐이다. 다음은 부정적인 생각이 떠오를 때마다 거울 앞,
차 안, 책상 등 어디에서나 할 수 있는 암시다.

"나는 모든 두려움과 의심을 떠나보내고,
   삶은 단순하고 수월해진다."
"나는 나를 위해 스트레스 없는 세상을 만든다."
"나는 천천히 호흡하며 숨을 쉴 때마다 더 이완된다."
"나는 유능한 사람이며, 내게 닥치는 모든 일을 감당할 수 있다."
"나는 중심과 초점이 잡혀 있으며, 매일 더 안정감을 느낀다."
"나의 감정을 표현해도 안전하다."
"나는 모든 상황에서 평정심을 유지할 수 있다."
"나는 나 자신이 하루 동안 생기는 모든 문제에
   대처할 수 있다고 믿는다."
"나는 스트레스가 곧 두려움임을 안다.
   이제 나는 모든 두려움을 배출한다."

DAY 17 미러 워크
|||||||||||||||||||||

1 이 미러 워크를 할 때는 편안한 의자에 앉아 손을
   무릎에 놓고 두 발을 마루에 내려놓을 것을 권한다.
   이제 눈을 감고 심호흡을 3번 하라. 숨을 천천히
   들이마시고 내쉬어라. 당신이 긴장과 두려움을
   외투처럼 걸치고 있다고 상상하라. 단추를 풀고 그
   외투를 벗어서 바닥에 내려놓는다고 상상하라. 긴장과
   두려움이 당신의 몸에서 흘러나가는 것을 느껴라.
   근육이 이완되는 것을 느껴라. 온몸의 긴장을 풀어라.

2 이제 손거울을 들고 당신의 눈을 깊이 들여다보라.
   그리고 이렇게 말하라.

   "나는 모든 두려움을 배출한다."
   "나는 모든 긴장을 내보낸다. 나는 평온하다."
   "스트레스로부터의 자유는 나의 신성한 권리다."

   이 암시를 계속 반복하라.

3 눈을 감고 몇 분 더 심호흡을 하라. 이 암시를 반복하라.

   "나는 나를 믿는다."
   "나는 유능한 사람이다."
   "나는 할 수 있다."

"나는 내게 닥치는 어떤 일도 감당할 수 있다."
"나는 가능성을 믿는다."

4   오늘 당신의 모습이 보일 때마다 이 암시를 반복하라.

"나는 평온하다."
"나는 필요한 모든 시간을 가졌다."
"나는 쉽고 수월하게 살아간다."

일지: 감정 쓰기

1   눈을 감고 과거로 돌아가라. 다섯 살 때의 자신을 보라. 어디에
있는가? 유치원인가? 집인가? 무엇을 하고 싶은가? 세상을 어떻게
바라보는가? 눈을 뜨고 무엇이든 머릿속에 떠오르는 내용을
적어라.

_____

_____

_____

_____

_____

2 어떤 것이든 다섯 살 때 품었던 걱정이나 믿음을 기억하는가?
마음이 아팠던 일을 기억하는가? 그 내용을 모두 적어라.

---

3 2단계에서 적었던 모든 믿음 옆에 그런 믿음을 품게 된 진정한
이유를 적어라. 아마 당신의 부모가 직장에서 힘든 하루를 보낸
탓에 사실이 아닌 말을 했을지도 모른다. 혹은 사랑을 받지 못한
친구가 당신에게 화풀이를 했을 수도 있다. 생각나는 모든 이유를
일지에 적어라.

---

4 이번 주에 당신에게 스트레스를 준 일들을 적어라. 그중에서 다섯 살 때의 의식이 지닌 제한적인 생각과 관련된 것이 있는가? 시간을 들여서 가슴 깊은 곳에 자리한 생각과 성찰의 내용을 적어라.

_____

_____

_____

_____

_____

_____

_____

행운은 너무나
당연한 거지

Receiving Your Prosperity

당신은 기적, 돈, 번영, 풍요를 끌어들이는 자석인가?
열린 자세로 행운을 맞아라.
거울을 보고 되뇌라.
"삶은 나에게 온갖 좋은 것을 줄 것이다. 나는 그것을 가질 만하다."

온갖 좋은 것을 열린 자세로 받아들이기

미러 워크를 처음 시작할 때 일지에 적은 내용을 다시 살피기 적절한 때다.

지금까지 당신이 얼마나 많은 것을 배웠는지 알겠는가? 거울 앞에서 암시를 할 때 얼마나 더 편안해졌는지 알겠는가?

당신은 기적을 끌어당기는 자석이다!

또한 당신이 돈, 번영, 풍요를 불러온다는 것을 믿는가? 세상은 당신이 경험하기를 기다리는 행운으로 넘친다.

세상에는 당신이 다 쓰지도 못할 돈이 있다. 상상할 수도 없는 즐거움이 있다. 다 만나지도 못할 사람들이 있다. 이 사실을 완전히 이해하면 당신이 필요로 하고 바라는 모든 것을 가질 수 있음을 깨닫는다.

우리 내면의 힘은 내가 바라는 소망과 넘치는 풍요를 즉시 안겨주려 한다. 당신은 그것을 받아들일 준비가 되어 있는가? 당신이 어떤 것을 원할 때 우주는 "생각해볼게"라고 말하지 않는다. 우주는 바로 대응하여 당신이 원하는 것을 보내준다. 다만 그것을 받으려면 당신은 열린 자세로 준비되어 있어야 한다.

때때로 필자의 강연에 오는 사람들은 자리에 앉아서 팔짱을 낀다. 그런 자세로 무엇을 받아들일 수 있을까? 우주가 알아보고 대응할 수 있도록 두 팔을 활짝 펼쳐라.

지금 바로 그렇게 해보라. 일어서서 두 팔을 벌리고 이렇게 말하라.

"나는 우주의 모든 좋은 것과 풍요를 열린 자세로 받아들인다."

이제 이 말을 모두가 들을 수 있도록 크게 외쳐라!

번영은 돈, 사랑, 성공, 안락, 아름다움, 시간, 지식 등 많은 것이 넉넉하다는 뜻이다. 당신은 풍요를 말하고 생각함으로써 번영을 창출한다. 결핍을 말하고 생각하면 풍요를 창출할 수 없다.

결핍에 집중하면 더 많은 결핍이 생길 뿐이다. 빈곤한 생각은 더 큰 빈곤을 부른다. 감사한 생각은 더 큰 풍요를 부른다.

삶은 나에게 풍요를 줄 것이다

미러 워크는 더 큰 번영을 삶 속으로 끌어들이는 아주 강력한 수단이다. 우주의 풍요가 당신의 경험 속으로 흘러들도록 만들면 원하는 모든 것을 받을 수 있다. 필요한 것은 실천과 거울뿐이다!

무엇이든 당신이 베푼 대로 되돌아온다. 언제나 그렇다. 당신이 삶에서 취한 만큼 삶은 당신에게서 취할 것이다. 간단한 원리다. 당신은 훔친다고 생각하지 않겠지만 혹시 사무실에서 소모품을 집으로 가지고 오지 않는가? 다른 사람의 시간을 훔치거나 자존심을 빼앗는 것은 아닌가? 이 모든 행동은 우주에게 "나는 삶의 좋은 것을 누릴 자격이 없습니다. 그래서 몰래 훔치고 있습니다"라고 말하는 것과 같다.

당신의 삶에서 돈과 번영의 물길을 막는 생각이 무엇인지 파악하라. 그다음 미러 워크를 통해 그 생각을 새롭고 풍요로운 믿음으로 바꿔라. 금전 문제가 생겼을 때 당신이 할 수 있는 최선의 일은 번영에 대한 생각을 가꾸는 것이다.

필자가 오랫동안 효과를 본 번영에 대한 두 가지 암시가 있다. 당신에게도 효과가 있을 것이다. 그 내용은 "앞으로 수입이 계속 늘어날 거야"와 "나는 어디로 가든 번영을 누릴 것이다"이다.

삶에서 좋은 일이 생기면 "그래"라고 말하라. 열린 자세로 좋은 것을 받아들여라. 당신의 세상에 "그래!"라고 말하라. 그러면 기회와 번영이 100배가 될 것이다. 하루에 한 번 두 팔을 활짝 벌리고 기쁜 마음으로 이렇게 말하라.

"나는 이 우주의 모든 풍요를 열린 자세로 받아들일 거야. 삶아, 고마워."

이렇게 말하면, 삶은 당신의 말을 듣고 응답할 것이다.

자주 되뇌라.

"삶은 내게 필요한 모든 것을 넉넉하게 제공할 것이다. 나는 내 삶을 믿는다."

나는 "그래"라고 말하는 사람이다

나는 내가 모든 삶과 하나임을 안다. 나는 무한한 지혜로 둘러싸여 있고, 무한한 지혜는 내 안으로 스며든다. 나는 우주가 모든 긍정적인 방식으로 나를 뒷받침할 것임을 믿는다. 내게 필요한 모든 것은 이미 나를 기다리고 있다. 세상에는 내가 다 먹을 수 없을 만큼 많은 음식이 있다. 내가 다 쓸 수 없을 만큼 많은 돈이 있다. 내가 다 만날 수 없을 만큼 많은 사람이 있다. 내가 다 경험할 수 없을 만큼 많은 사랑이 있다. 내가 다 상상할 수 없을 만큼 큰 기쁨이 있다. 이 세상은 내가 필요로 하고 바라는 모든 것을 가지고 있다. 나는 그 모든 것을 쓰고 가질 수 있다.

하나의 무한한 정신, 하나의 무한한 지성은 언제나 내게 "그래"라고 말한다. 내가 무엇을 믿든, 무엇을 생각하든, 무엇을 말하든, 우주는 언제나 "그래"라고 말한다. 나는 부정적인 생각이나 주제에 시간을 낭비하지 않는다. 나는 가장 긍정적인 방식으로 나 자신과 삶을 바라볼 것이다.

나는 기회와 번영에게 "그래!"라고 말한다. 나는 모든 좋은 것에게 "그래!"라고 말한다. 나는 "그래!"의 우주로부터 응답을 받는 "그래!"의 세계에서 살며 "그래!"라고 말하는 사람이다.

나는 우주가 선사하는 지혜와 하나가 되고, 우주가 주는 힘을 받는 것에 감사한다.

Receiving Your Prosperity
풍요를 가져오라

돈이 부족하다고 말하거나 생각해서는 결코 번영을 만들어낼 수 없다. '부족하다'는 생각은 전혀 쓸모가 없으며 풍요를 가져오지 못한다. 결핍은 더 큰 결핍을 부른다. 빈곤한 생각은 더 큰 빈곤을 부른다. 반면에 감사한 생각은 풍요를 부른다.

확실하게 번영을 안겨주는 두 가지 태도와 암시가 있다. 다른 사람은 돈이 많다고 분노하는가? "나는 돈이 항상 부족해"라거나 "왜 이렇게 돈은 들어올 때보다 더 빨리 나가지?"와 같은 부정적인 암시를 하고 있지는 않은가? 이런 부정적인 암시는 가장 해

악한 것으로, 빈곤을 부를 뿐이다.

우주는 당신이 자신과 삶에 대해 믿는 것만을 응답한다. 돈에 대해 당신이 가진 모든 부정적인 생각을 살핀 다음 떠나보내라. 그런 생각들은 지금까지 당신에게 도움이 되지 않았으며, 앞으로도 그럴 것이다.

재미로 가끔 복권을 사는 건 괜찮다. 그러나 복권에 당첨되는 순간 모든 문제를 해결할 것이라는 생각에 골몰하지 마라. 이는 빈곤한 생각이다. 오랫동안 이 생각에 사로잡히면 좋은 효과를 낳지 못한다. 복권 당첨이 삶에 긍정적인 변화를 가져오는 경우는 드물다. 사실 대대수 복권 당첨자는 2년 안에 당첨금을 거의 모두 잃어버리고 종종 당첨 전보다 금전적으로 더 힘든 상황에 빠진다.

복권에 당첨되면 모든 문제가 해결될 것이라고 생각하는가? 큰 착각이다. 복권에 당첨된다고 해서 당신의 의식이 바뀌는 것은 아니기 때문이다. 복권 당첨을 바라는 것은 사실상 우주에게 "나는 요행 말고는 내 삶에서 좋은 것을 누릴 자격이 없다"고 말하는 것이나 다름없다. 우주의 풍요가 당신의 경험 속으로 흘러들어오도록 생각을 바꾸면 복권 당첨이 안겨줄 것이라고 믿는 모든 것을 가질 수 있다. 또한 의식이 부여한 권리에 따라 당신의 것이 되기 때문에 계속 유지할 수 있다.

암시하고, 선언하고, 자격을 믿고, 번영을 허용하는 것은 당신이 복권 당첨으로 얻을 수 있는 것보다 훨씬 큰 부를 끌어들이는 단계다.

돈에 대한 새로운 생각으로 의식을 열면 돈은 당신의 것이 된다. 삶 속으로 더 많은 돈과 번영을 끌어들이고 싶다면 마음을 담아 다음 암시를 반복하라.

"나는 돈을 끌어들이는 자석이다. 온갖 번영이 내게 이끌린다."

"나는 직장에서 능력을 인정받고 충분한 보상을 받는다."

"나는 사랑이 가득하고, 풍요롭고, 조화로운 우주에서 살며, 그것에 감사한다."

"나는 모든 곳에 존재하는 무한한 번영에 열려 있다."

"인력의 법칙은 오직 좋은 것만을 내 삶으로 끌어당긴다. 나는 빈곤한 생각에서 풍요로운 생각으로 옮겨가고, 나의 재정 상태는 이런 변화를 반영한다."

"좋은 것은 모든 곳, 모두에게서 내게로 온다."

"나는 내 삶의 모든 좋은 것에 대한 고마움을 표현한다. 매일 새롭고 멋진 경이가 일어난다."

"나는 사랑과 함께 공과금을 내고, 기쁜 마음으로 돈을 쓴다. 풍요는 자유롭게 내 안으로 흘러들어온다."

"나는 최고의 것을 누릴 자격이 있으며, 지금 최고의 것을 받아들인다."

"나는 돈에 대한 모든 저항을 내려놓고 돈이 즐겁게 내 삶 속으로 흘러들어오도록 한다. 내가 누리는 좋은 것은 모든 곳, 모두에게서 온다."

DAY 18 미러 워크

1 오늘 당신이 할 미러 워크는 번영을 받아들이는 일에
초점을 맞춘다. 두 팔을 크게 벌리고 이렇게 말하라.

"나는 모든 좋은 것을 열린 자세로 받아들일 거야."

2 이제 거울을 보며 다시 말하라.

"나는 모든 좋은 것을 열린 자세로 받아들일 거야."

이 말이 당신의 가슴에서 흘러나오게 하라.

"나는 모든 좋은 것을 열린 자세로 받아들일 거야."

3 이 암시를 10번 더 반복하라.

4 기분이 어떤지 느껴라. 해방감이 드는가?
미러 워크가 끝날 때까지 매일 아침 이 훈련을 하라.
이 훈련은 번영에 대한 의식을 강화하는 데 아주 좋다.

일지: 감정 쓰기

1 당신은 돈에 대해 어떤 생각을 가지고 있는가? 거울로 돌아가라. 눈을 들여다보며 이렇게 말하라.

"내가 돈에 대해 가장 두려워하는 것은 [내용] 이다."

그 내용과 함께 왜 그런 두려움을 가지게 되었는지 적어라.

_____

_____

_____

_____

_____

_____

_____

_____

_____

_____

_____

2 어린 시절에 돈에 대해 무엇을 배웠는가? 부모가 돈을 어떻게 관리했는가? 지금 당신은 돈을 어떻게 관리하는가? 당신의 생각을 적어라. 어떤 패턴이 보이는가?

_____

_____

_____

_____

3 이제 일지 작성을 통해 번영에 대한 생각으로 옮겨가자. 당신이 항상 바라던 모든 것을 가지면 어떨지 적어라. 그것들은 무엇인가? 당신의 삶은 어떻게 변할까? 당신은 어디를 여행할 것인가? 무엇을 할 것인가? 느껴라. 즐겨라. 창의성을 발휘하고 재미를 즐겨라.

_____

_____

_____

_____

_____

감사하는 태도가
가져오는 힘

Living Your Attitude of Gratitude

많이 고마워할수록 좋은 것들을 얻는다.
매일 감사하는 마음으로 살아라.
비록 자신의 어두운 면을 발견할지라도 거울 앞에서 말하라.
"내가 치유하고 극복하도록 이런 점을 발견하게 해줘서 고마워."

감사할수록 더 큰 선물을 받는다

번영과 감사는 함께한다는 사실을 아는가? 이게 무슨 말일까?
매사 감사하는 태도를 가지면 더 큰 발전과 풍요가 따른다는 뜻
이다.

필자는 언제나 우주의 지혜와 하나가 되고 그 힘을 받는 데 감사
한다. 필자는 우주가 감사를 사랑한다는 사실을 깨달았다. 많이
감사할수록 좋은 것을 더 많이 받을 수 있다. '좋은 것'이 물질적

인 것만을 뜻하지는 않는다. 좋은 것은 삶을 살 만하게 만든 모든 사람, 장소, 경험을 뜻한다.

삶이 사랑, 기쁨, 건강, 창의성으로 가득할 때를 생각해보라. 혹은 마침 신호등이 파란색으로 바뀌고 주차할 자리가 있을 때 기분이 얼마나 좋았는지 기억해보라. 원래 삶은 그렇게 온갖 좋은 것들로 가득 차고, 늘 기분이 좋아야 한다. 감사하는 마음을 가지면 우리의 삶도 그렇게 될 수 있다. 우주는 관대하고 넉넉하게 베풀며, 그 사실을 알아주는 것을 좋아한다.

친구에게 선물을 줄 때 어떤 기분이었는지 생각해보라. 친구가 선물을 보고 눈살을 찌푸리거나 "내 스타일이 아냐" 혹은 "이걸 쓸 일이 없어"라고 말하면 다시 선물할 마음이 사라질 것이다. 반면 선물을 기쁜 눈빛으로 바라보며 좋아하고 진심으로 나에게 고마워하면 친구가 좋아하는 물건을 볼 때마다 선물하고 싶어질 것이다.

필자는 지금까지 칭찬이나 선물을 받을 때마다 이렇게 생각했다. '기쁨과 감사의 마음으로 받겠습니다.'

우주는 이런 마음을 좋아한다. 덕분에 나는 계속 놀라운 선물들을 받고 있다!

주위 사람들에게 감사하다고 말하기

아침에 일어나는 순간부터 감사하라.

"침대야, 푹 자게 해줘서 고마워"라고 말하며 하루를 시작하면 하루 종일 감사할 많은 일이 쉽게 떠오른다. 필자는 침대에서 일어나기 전까지 내 삶의 수많은 사람, 장소, 물건, 경험에 감사한다.

저녁에 자러 가기 전에 하루를 돌아보라. 설령 힘든 경험을 했을지라도, 그 일을 겪은 경험에 대해 축복하고 감사하라. 실수를 하거나 최선이 아닌 결정을 내렸다는 생각이 들면 자신을 용서하라.

고통스러웠을지라도 내가 얻은 모든 교훈에 감사하라. 그것은 나에게 주어진 작은 보물이다. 교훈을 얻으면 삶이 더 나은 방향으로 바뀐다. 자신의 어두운 면을 발견한 것을 기뻐하라. 당신을 가로막은 것을 떠나보낼 준비가 되었다는 뜻이기 때문이다. 그러니 이렇게 말하라.

"내가 치유하고 극복할 수 있도록 어두운 면을 보여줘서 고마워."

지금부터 매일 삶의 모든 좋은 것에 감사하는 순간을 최대한 자주 가져라. 지금 삶에서 좋은 것을 거의 갖지 못했다면 앞으로 늘어날 것이다. 지금 풍요를 누리고 있다면 앞으로 더욱 늘어날 것이다. 이는 모두가 잘되는 상황이다. 당신도 행복하고, 우주도 행복하다. 감사하는 태도는 풍요를 늘린다.

오늘 사람들을 대할 때 그들이 해준 일에 감사하다고 말하라. 판매원, 웨이터, 우체부, 사장, 직원, 친구, 가족, 모르는 사람에게 고맙다고 말하라. 모두가 서로에게 베풀고 감사하는 세상을 만들자!

이렇게 되뇌라.

"나는 기쁨으로 삶에게 베풀고, 삶은 사랑으로 내게 베푼다."

나는 우아하게 선물을 주고받는다

당신의 마음속 깊은 곳에는 무한하게 흘러나오는 감사의 우물이 있다. 이제 당신은 이 감사가 당신의 마음, 몸, 정신, 의식, 존재를 채우게 만든다. 감사는 당신에게서 사방으로 뻗어나가 세상에 속한 모든 것에 닿은 후 감사할 더 많은 것으로 되돌아온다. 감사를 느낄수록 감사할 대상이 무한하다는 사실을 깨닫는다.

인정과 수용은 매 순간 기적을 끌어당기는 강력한 자석처럼 작용한다. 칭찬은 번영의 선물이다. 당신은 그 선물을 우아하게 받아들이는 법을 배웠다. 누가 당신을 칭찬하면 당신은 웃으며 "고마워요"라고 말한다.

오늘은 삶이 주는 신성한 선물이다. 당신은 두 팔을 활짝 펼치고 우주가 베푸는 충만한 번영을 받아들인다. 낮이든 밤이든, 당신은 받아들일 수 있다.

우주는 가능한 모든 방식으로 당신을 뒷받침한다. 당신은 사랑이 넘치고, 풍요롭고, 조화로운 우주에서 살며, 그 점에 감사한다. 우주가 당신에게 베풀었지만 당신은 갚을 수 없는 경우가 있다. 당신은 갚을 길이 없는데 당신에게 큰 도움을 준 많은 사람이 있다. 그래도 나중에 다른 사람들을 대신 도울 수 있다. 삶은 그렇게 돌아간다. 당신은 긴장을 풀고 지금 여기에 있는 풍요와 감사를 즐긴다.

Living Your Attitude of Gratitude
빛이 왔다!

이 훈련은 두 사람이 해야 하므로 친구나 가족을 파트너로 초대하라.

파트너를 마주 보고 앉아라. 서로의 손을 잡고 눈을 들여다보라. 심호흡을 하며 당신이 품은 모든 두려움을 배출하라. 다시 심호흡을 하며 모든 판단을 중단하고 그저 파트너와 함께 있는 자기 자신을 느껴라.

당신이 파트너에게서 보는 것은 당신의 내면을 반영한다.

우리는 모두 하나다.

우리는 같은 공기를 마신다.

우리는 같은 물을 마신다.

우리는 같은 음식을 먹는다.

우리는 같은 욕망과 필요를 가지고 있다.

우리는 모두 건강하기를 원한다.

우리는 모두 사랑하고 사랑받기를 원한다.

우리는 모두 편안하고 평화롭게 살기를 원한다.

우리는 모두 번영을 원한다.

우리는 모두 충만한 삶을 원한다.

사랑을 전하고 되돌려받으며 파트너의 눈을 바라보라.

당신이 안전하다는 사실을 느껴라.

파트너가 건강할 것이라고 되뇌라.

파트너가 항상 사랑이 넘치는 관계를 맺어서 사랑하는 사람에게 둘러싸일 것이라고 되뇌라.

파트너가 번영을 누려서 편안하게 살 것이라고 말하라.

파트너의 평안과 안전을 말하라.

베푼 것은 몇 배로 돌아오므로 파트너에게 모든 좋은 것을 말하라.

파트너는 좋은 것을 누릴 자격이 있다.

파트너가 좋은 것을 기꺼이 받아들이는 모습을 보라.

그렇게 될 것이다.

미러 워크
|||||||||||||||||||||||

1   아침에 일어나 눈을 떴을 때 이렇게 자신에게 되뇌라.

      "침대야, 좋은 아침이야. 따스하고 편안하게 잘 수 있게
      해줘서 너무 고마워. 사랑하는 사람의 (이름), 오늘은
      축복받은 날이야. 모든 것이 좋아."

2   잠시 침대에서 긴장을 풀며 고마운 모든 것을 생각하라.

3   준비가 되면 침대에서 일어나 욕실 거울로 가라.
      다정하게 당신의 눈을 깊이 들여다보라. 고마운 많은
      것을 나열하라. 이렇게 되뇌라.

      "나는 나의 아름다운 미소에 감사한다."
      "나는 오늘 완벽하게 건강한 것에 감사한다."
      "나는 오늘 출근할 직장이 있는 것에 감사한다."
      "나는 오늘 만날 친구들에게 감사한다."

4   오늘 거울 앞을 지날 때마다 멈춰서 그 순간에 감사한
      것에 대한 암시를 하라.

일지: 감정 쓰기

1 매일 감사하는 마음을 느껴라. 감사의 일지를 시작하라. 고마운 것을 하나 이상 적어라. 고마운 것을 모두 적어라. 미러 워크에서 활용할 수 있도록 각각의 고마운 것에 대한 암시를 적어라.

---

2 감사의 힘을 말해주는 고무적인 이야기들을 읽어라. (필자의 저서 《감사: 삶의 길Gratitude: A Way of Life》은 고무적인 사람들 48명이 쓴 글을 담고 있다. 또한 키스 해럴Keith D. Harrell의《감사하는 태도: 21가지 삶의 교훈Attitude of Gratitude: 21 Life Lessons》에서도 비슷한 이야기들을 찾을 수 있다) 자신의 경험 혹은 당신이 아는 사람의 삶에서 나온 감사에 대한 고무적인 이야기를 적어라.

아이들에게도
미러 워크

Teaching Mirror Work to Children

아이들도 스트레스를 받고 있다.
지금 내 자녀가 그럴지도 모른다.
아이와 함께 미러 워크를 배우고 실천하라.
기적이 일어날 것이다.

아이들을 위해 바꾸기

지금까지 아주 잘해냈다. 이제 미러 워크 거의 막바지에 이르렀
다. 당신의 의지와 노력에 박수를 보낸다!

당신은 매일 미러 워크를 하면서 자신에게 사랑이라는 선물을
주었다. 또한 매일 미러 워크를 하면서 당신이 오랫동안 품었던
오래되고 부정적인 믿음들을 떠나보냈다. 이 부정적인 믿음들

은 어디에서 왔을까? 바로 어린 시절이다. 우리는 사람들이 우리에게 하는 모든 말을 흡수했다. 부모나 다른 어른이 우리에 대해 부정적인 말을 할수록 우리는 '나는 잘못됐어'라는 믿음을 더욱 굳혔다.

성장기에 우리는 누군가와 싸울 때, 서로에게 상처를 입히는 잔인한 욕설을 하고 경멸하기까지 했다. 왜 그랬을까? 어디서 그런 행동을 배웠을까? 많은 사람은 부모나 선생에게 멍청하고, 어리석고, 게으르다는 말, 말썽꾼에다가 아직 부족하다는 말을 들었다. 그때 우리는 움츠리면서도 그 말을 믿었다. 그 믿음이 얼마나 많은 상처를 주는지 혹은 우리의 고통과 수치심이 얼마나 깊이 자리 잡는지 모른 채로.

특히 힘들었던 미러 워크, 당신이 긍정적으로 나아가는 것을 가로막았던 순간들을 돌아보라. 미러 워크를 하고 일지를 작성할 때 당신에게 상처를 입히는 믿음들이 대개 어린 시절에서 기인했다는 사실을 깨달았는가?

필자는 학교에서 내가 하는 말이 삶에 영향을 미친다는 사실을 배우지 못했다. 그 누구도 내 생각이 창의적이며, 말 그대로 운명을 바꿀 수 있다고 혹은 내가 한 말이 경험으로 되돌아온다고 가르쳐주지 않았다. 누구도 내가 사랑받을 가치가 있고 좋은 것들을 누릴 자격이 있다고 가르쳐주지 않았다. 누구도 삶이 나를 뒷받침한다고 가르쳐주지 않았다.

이제 우리 아이들을 위해 이 모든 것을 바꿀 수 있다. 아이들이 사랑스런 존재라는 기본적인 진실을 상키시키는 것이 우리가 해줄 중요한 일 중에 하나다. 부모이고 성인이니까 매사 완벽하거나 모든 것을 제대로 하라는 말이 아니다. 그저 아이들을 사랑하라는 것이다. 사랑하는 마음, 그게 시작이다.

아이들이 긍정을 믿게 하기

요즘 아이들은 많은 문제에 대처해야 한다. 가령 세상을 위태롭게 하는 사건들을 계속 접해야 하고, 어린데도 복잡한 선택을 거듭해야 한다. 이런 문제에 대처하는 방식은 아이들이 자신에 대해 가진 진정한 감정을 직접적으로 반영한다. 아이들 역시 성인들처럼 자기 자신을 사랑하고 존중할수록 매사 올바른 선택을 하기가 수월하다.

아이들의 독립심과 자신감을 북돋고 그들이 세상을 바꿀 수 있다는 생각을 심어주는 일이 중요하다. 무엇보다 자신을 사랑하는 법을 가르쳐서 자존감을 키워줘야 한다.

아이들은 성인인 우리를 따라 하며 주위에서 듣는 모든 말을 흡수한다. 그러니 긍정적인 말과 암시를 하는 빛나는 모범을 보여라. 당신이 그것을 믿으면 아이들도 그럴 것이다.

당신이 자신을 돌보는 법을 배운 대로 아이들을 돌봐라. 완벽한 아이나 완벽한 부모는 없다는 사실을 명심하라. 우리는 때때로 잘못된 선택을 할 수밖에 없다. 그것은 배우고 성장하는 과정의 일부일 뿐이다. 중요한 것은 아무 조건 없이 당신의 아이와 당신 자신을 사랑하는 일이다. 그러면 당신 자신뿐 아니라 당신의 아이에게도 기적이 일어날 것이다.

이렇게 말하라.

"나는 원하는 사람이 될 수 있다."

"나는 원하는 일을 할 수 있다."

"삶이 나를 뒷받침해준다."

나는 아이와 마음을 열고 소통한다

특히 십대 자녀와는 소통의 끈을 유지하는 일이 대단히 중요하다. 아이들은 "그런 말 하면 안 돼. 그런 짓하면 안 돼. 그렇게 받아들이지 마. 그런 식으로 하지 마. 그런 감정은 표현하지 마"와 같은 말들을 너무 많이 듣는다. "안 돼. 하지 마"라는 말을 들으며 자란 아이들은 자신의 생각을 드러내거나 대화하는 것 자체를 중단해버린다.

그러다가 아이들이 크면 부모들은 "애들이 통 전화를 안 해"라며 불평한다. 왜 전화를 하지 않을까? 소통의 끈이 끊어졌기 때문이다. "슬퍼해도 괜찮아"라거나 "나한테 이야기해도 돼"와 같이 다정하게 자녀를 대하면 소통의 끈이 다시 이어질 것이다.

아이를 환영하라

가슴에 손을 얹어라. 눈을 감아라. 내면의 아이를 보는 동시에 그 아이가 되어라. 다른 사람에게 다음 문장을 읽어달라고 부탁하라. 당신의 부모가 말하고 있다고 상상하라.

"네가 와주어서 정말 기뻐. 너를 기다리고 있었어. 네가 우리 가족의 일원이 되기를 간절히 원했어. 너는 우리에게 너무나 중요해. 네가 없으면 우리 가족은 이전 같지 않을 거야. 사랑해. 너를 안고 싶어. 네가 자라서 되고 싶은 사람이 되도록 돕고 싶어. 너는 우리처럼 될 필요가 없어. 넌 네 자신이 될 수 있어. 우리는 너의 고유성을 사랑해. 너는 너무나 아름다워. 너무나 똑똑해. 너무나 창의적이야. 네가 우리 곁에 있어서 너무 좋아. 우리 가족을 선택해줘서 고마워. 네가 축복받았다는 걸 알아. 너는 우리에게 옴으로써 우리를 축복했어. 사랑해. 정말로 사랑해."

매일 거울을 보며 이 말들을 할 수 있다. 부모가 당신에게 해주었으면 하고 바랐던 모든 말을 당신 자신에게 할 수 있다. 당신의 작은 아이는 사랑받기를 원한다. 그 사랑을 당신의 아이에게 주어라.

당신이 몇 살이든 혹은 당신의 내면에 있는 작은 아이가 얼마나 아프고 무서워하든 사랑이 필요하다. 내면의 아이에게 계속 "사랑해"라고 말하라.

이 내면의 아이를 대하듯 현실 속 내 자녀에게 사랑을 줘라. 끊임없이 온갖 긍정의 말들을 들려줘라.

"네가 와주어서 정말 기뻐. 너를 기다렸어. 너는 무척 소중한 존재야. 사랑해. 매일매일 안아줄게. 네가 자라서 꿈을 이룰 수 있도록 돕고 싶어. 사랑해. 정말로 사랑해."

우주는 당신과 당신의 자녀가 여기 있기를 원한다. 그렇기에 당신과 당신의 자녀가 여기 있는 것이다. 당신과 당신의 자녀는 언제나 사랑받았으며, 영원히 사랑받을 것이다. 당신과 당신의 자녀는 영원히 행복하게 살 수 있다. 그렇게 될 것이다.

DAY 20 미러 워크

1 어린 소녀가 암시를 하는 "제시카의 일일 암시Jessica's Daily Affirmation"라는 영상을 찾아라. 주소는 다음과 같다. www.youtube.com/watch?v=qR3rK0kZFkg.

2 아이와 함께 혹은 내면의 아이와 함께 이 영상을 시청하라.

3 아이가 제시카처럼 매일 암시를 하도록 시켜라. 아이에게 무엇이 행복을 안기는지 묻고 거울에게 말하도록 시켜라.

4 당신이 미러 워크를 하는 동안 아이에게 같이 하자고 권하라.

"사랑해. 너에 대한 모든 걸 사랑해."
"나는 훌륭해!"
"나는 아름다워!"
"나는 머리 스타일이 멋져!"
"나는 스타처럼 춤출 수 있어!"

이런 식의 간단한 암시를 하고 아이도 따라 하게 유도하라.

5 매일 아침에 몇 분만이라도 아이와 미러 워크를 할 시간을 정하라.

일지: 감정 쓰기

1 내가 쓴《룰루의 모험The Adventures of Lulu》에는 어린이에게 강한 자부심과 용기를 주는 이야기가 담겼다. 이 책을 읽고 내 아이와 할 미러 플레이를 준비하라.《룰루의 모험》은 다음 주소에서 읽을 수 있다.

www.louisehay.com/learning-mirror-work

2 도화지와 색연필, 유색 펠트펜, 크레파스, 풀을 준비하고 아이가 거울을 장식하도록 독려하라. 가령 테두리에 작은 사진이나 반짝이를 붙이고 화려한 색깔을 넣을 수 있다.

3 아이가 더 큰 상상력을 발휘할 수 있도록 이렇게 꾸민 거울을 '마술 거울'이라고 일러줘라. 아이에게 이 마술 거울을 바라보며 자신에 대한 멋진 말들을 해보자고 권하라. 아이가 무슨 말을 해야 할지 모를 수도 있으니 당신이 먼저 해보라. 아이가 표현했으면 좋겠는 멋진 말들을 여기에 적어라.

"너는 정말 예쁘게 생겼구나!"

"정말 귀여운 아이야. 천사 같아."

"오우! 사랑스러워!"

_____

_____

_____

_____

4 아침에 아이와 함께 미러 워크를 할 때 반복할 수 있도록 당신과 아이가 한 긍정적인 말들을 기록하라.

_____

_____

_____

_____

_____

우리가 살아가는 하루하루가 기적이 될 수 있다

Loving Yourself Now

드디어 가장 큰 보물을 얻었다.
나 자신을 위로하고 사랑하는 방법!
앞으로도 계속 실천해서 삶의 긍정을 놓치지 않기를 바란다.

우리는 기적을 끌어당기는 자석

축하한다! 오늘은 마지막 미러 워크를 하는 날이다. 지금까지 미러 워크는 당신의 삶에서 얻을 수 있는 가장 큰 보물, 바로 자신에 대한 사랑을 발견하도록 도왔다.

지금까지의 여정은 쉽지 않았을 것이다. 충분히 안다. 그동안 몇 번 난관에 부딪혔겠지만 그래도 포기하지 않은 당신이 너무나 자랑스럽다!

당신은 이 여정을 거치는 동안 미러 워크를 활용하여 혼잣말을 살피고, 내면의 비판자를 잠재우고, 당신에게 상처 입힌 사람들을 용서하고, 후회스러운 과거를 잊고, 오래된 믿음과 부정적인 사고 패턴을 벗어던졌다. 또한 그렇게 함으로써 당신 안의 보물 창고를 열었다.

모든 상처를 치유하는 방법이 있으며 그것은 바로 자신을 사랑하는 것임을 명심하라. 매일 자신을 더 사랑하면 삶이 놀랄 만큼 더 나아질 것이다. 기분이 더 좋아질 것이다. 원하는 일자리를 얻을 것이다. 필요한 만큼 돈이 생길 것이다. 새롭고 긍정적인 인간관계를 맺을 것이다.

끝이 아니다, 매일 미러 워크를 실행하기

미러 워크는 여기서 끝나지만, 이제 시작일 뿐이다. 그러니 매일 실천하라. 앞으로도 미러 워크를 하는 동안 더 많은 난관에 부딪히고 멀리 돌아가기도 할 것이다. 그러나 당신은 대응할 수 있다. 자신을 추스르고, 거울을 보고, 자신이 사랑받을 가치가 있다는 사실을 상기할 수 있다.

당신은 있는 그대로 완벽하다. 삶이 안기는 좋은 것들을 모두 누릴 자격이 있다. 당신은 기적을 끌어당기는 자석이다.

손거울을 항상 가지고 다녀라. 거울 속에서 당신을 바라보는 아름다운 사람에게 진심으로 사랑한다는 사실을 상기시켜라.

이렇게 말하라.

"나 자신과 내가 만나는 모든 사람에게 표현하는 사랑은 내게 되돌아온다!"

에필로그에 〈나 자신을 위로하고 사랑하는 12가지 방법〉을 남겨두었다. 지금까지 당신이 이룬 성과를 상기하는 데 활용하기 바란다. 그리고 기억하라. 필자도 당신을 사랑한다는 사실을!

우리는 모두 조화로운 전체의 일부다

당신은 이 세상을 더 나은 곳으로 만들기 위해 애쓰는 지구 공동체의 일원임을 명심하라. 우리는 서로에게 배울 것이 있기 때문에 함께 이 세상에 왔다. 이 경험을 통해 혜택을 얻고 성장할 수 있도록 우리 자신을 사랑하는 일에 매달려도 안전하다. 우리는 서로와 맺은 관계 그리고 우리 삶의 모든 영역에서 조화를 이루려고 노력한다.

매일 매 순간, 신성하고 올바른 행동이 우리를 이끈다. 우리는 올바른 때에 올바른 말을 하고 항상 올바른 길로 간다. 모든 사람은 조화로운 전체의 일부다.

우리가 충만하고 생산적인 방식으로 서로를 지원하고 격려하며 즐겁게 협력하면 모두의 활력이 신성하게 혼합된다. 우리는 건강하고, 행복하고, 사랑을 나누고, 기쁨에 넘치고, 서로를 존중하고, 기꺼이 도움을 주며, 우리 자신 그리고 서로와 평화롭게 지낸다. 그렇게 되어야 하고, 그렇게 될 것이다.

나는 안전한 세상에 있다

그동안 많은 문제를 다뤘다. 가령 부정적인 것과 긍정적인 것에 대해, 두려움과 좌절에 대해 이야기했다. 많은 사람은 아직도 스스로 자신을 보살필 수 있다는 사실을 믿지 않으며, 막막함과 외로움을 느낀다. 그러나 우리는 지금까지 자신을 위해 노력을 기울였으며, 우리의 삶이 변하고 있음을 인식했다. 과거의 많은 문제는 더는 문제가 아니다.

하룻밤 사이에 바뀌지는 않아도 끈기와 일관성을 유지하면 긍정적인 일은 반드시 일어난다. 그러니 우리가 가진 기운과 사랑을 다른 사람들과 나누자. 가슴에서 우러나는 사랑을 베풀면 다른 사람의 가슴에서 우러나는 사랑을 받을 수 있다.

모든 사람을 사랑, 지원, 보살핌으로 받아들일 수 있도록 마음을 열자. 그 사랑을 집이 없고 갈 곳이 없는 거리의 사람들에게 옮겨주자. 분노하고, 두려워하고, 고통스러워하는 사람들에게 우리의 사랑을 나눠주자. 세상을 떠나는 과정에 있거나 이미 떠난 사람들에게 우리의 사랑을 보내주자.

받아들이든 그렇지 않든 우리의 사랑을 모두와 나누자. 동물, 식물, 사람까지 온 세상을 우리의 가슴에 담자. 우리가 화를 내고 짜증냈던 사람들까지. 우리가 원하는 방식대로 행동하지 않는 사람들까지. 소위 악한 마음을 표현하는 사람들까지. 그들도 우리의 가슴으로 받아들이자. 그래야 그들도 안전하다는 인식을 토대로 자신이 진정 누구인지 인식할 수 있다.

온 세상에 평화가 샘솟는 모습을 보라. 지금 당신은 그 평화에 기여하고 있다. 당신이 긍정적인 일에 도움을 줄 수 있다는 것에 기뻐하라. 당신이 얼마나 멋진 사람인지 인식하라. 그것이 당신이라는 사람이 가진 진실이다. 그렇게 될 것이다.

DAY 21 미러 워크

1 거울로 가서 당신을 바라보고 있는
멋진 사람(나 자신)과 눈을 맞춰라.
팔을 들어서 이 훈련을 끝낸 기념으로 환호성을 질러라.
이렇게 말하라.

> "사랑해. 정말로 사랑해. 네가 해냈어! 미러 워크를
> 끝냈어. 네가 너무나 자랑스러워. 넌 마음먹은 건
> 뭐든지 할 수 있어."

2 당신이 이룬 모든 것에 감사하는 시간을 가져라.
이렇게 말하라.

> "지금까지 버텨줘서 고마워. 새로운 것을 배우는데
> 적극적이어서 고마워. 정말로 사랑해."

3 '미러 플레이'를 계속하겠다고 다짐하라.
이렇게 말하라.

> "내일 봐. 내일은 바꾸고 싶은 다른 부분들에 대해
> 의논하자. 사랑해. 넌 사랑받을 가치가 있어. 넌
> 최고만을 누릴 자격이 있어."

일지: 감정 쓰기

1 처음부터 당신이 쓴 일지를 다시 보라. 각 주제를 훑어보고
지금까지 이룬 모든 성과를 축하하라.

2 가장 큰 진전을 이룬 부분이 무엇인지 써라. 더 노력해서 문제를
해결해야 할 부분이 무엇인지 써라.

_____

_____

_____

_____

_____

_____

_____

3 거울에게 더 인도를 받아야 한다고 생각하는 지난 훈련을 반복하라.

4 이제 나가서 내면의 아이와 같이 놀아라!

에필로그

거울은 우리가
생각했던 것보다
힘이 세다

필자의 삶에 너무나 소중했던 미러 워크를
독자 여러분과 나누게 되어 매우 기쁘다.
긍정적인 성장을 이루고 자신을 보살피는 수단인 미러
워크의 가치를 발견하기 바란다.

성공적인 미러 워크의 도구는 미러 즉, 거울이다.
거울이 이토록 강하고 신비로운 힘을 가졌는지
그동안 몰랐을 것이다.
인생을 바꾸고 기적을 불러오는 거울의 힘을 활용하면
행복한 미래를 창조할 수 있다.

끝으로 지금, 그리고 언제나 〈나 자신을 위로하고
사랑하는 12가지 방법〉을 남겨둔다.
지금까지 여러분이 이룬 성과를 상기하며
즐겁고 충만한 삶을 계속 이어갈 수 있게 해줄 것이다.
그리고 내가 여러분을 사랑한다는 사실을 항상
기억하길!

- 루이스 헤이

나 자신을
위로하고 사랑하는

12

가지 방법

1   <u>나에 대한 모든 비판과 평가를 멈춰라.</u>

비판은 절대 변화를 일으키지 못한다. 자신을 비판하지 마라. 자신을 있는 그대로 받아들여라. 모두가 변한다. 자신을 비판하면 부정적으로 변한다. 반면 자신을 인정하면 긍정적인 변화가 일어난다.

2   <u>후회스러운 과거와 나의 잘못을 용서하라.</u>

후회스러운 과거를 잊어라. 당신은 그때 당신이 지닌 이해, 인식, 지식을 토대로 최선을 다했다. 이제 당신은 성장과 변화를 거치고 있으며, 다른 삶을 살 것이다.

3   <u>나를 두렵게 하는 모든 것으로부터 벗어나라.</u>

자신을 겁주지 마라. 그것은 끔찍한 방식이다. 당신에게 즐거움을 주고 무서운 생각을 즉시 즐거운 생각으로 바꾸는 정신적 이미지를 찾아라.

4   나를 부드럽고, 다정하고, 참을성 있게 대하라.

자신을 부드럽게 대하라. 자신을 다정하게 대하라. 새로운 사고방식을 익힐 때 자신을 참을성 있게 대하라. 당신이 진정으로 사랑하는 사람을 대하듯 자신을 대하라.

5   나의 삶, 나 자신을 긍정하라.

자기혐오는 자신의 생각을 미워하는 것이다. 그런 생각을 한다고 자신을 미워하지 마라. 삶을 긍정하는 쪽으로 부드럽게 생각을 바꿔라.

6   과해도 좋다, 나를 칭찬하고 칭찬하라.

비판은 내면의 기백을 무너트린다. 칭찬은 기백을 북돋는다. 자신을 최대한 많이 칭찬하라. 아무리 사소한 일이라도 아주 잘하고 있다고 자신에게 말하라.

7   머뭇거리지 말고 도움을 청하라.

나를 도와줄 사람을 찾아라. 친구에게 당신을 도와줄 기회를 줘라. 필요할 때 도움을 청할 줄 알아야 현명하다.

8   나의 부정적인 면을 인정하고 받아들여라.

필요를 충족하기 위해 부정적인 면을 만들었음을 인정하라. 이제 필요를 충족할 새롭고 긍정적인 방법을 찾을 것이다. 오래되고 부정적인 패턴은 사랑의 힘으로 떠나보내라.

9 내 몸을 아끼고 보살펴라.

어떤 음식이 나에게 영양소가 될지에 대해 공부하라. 당신의 몸은 최고의 활력과 원기를 갖기 위해 어떤 먹거리를 필요로 하는가? 운동에 대해 공부하라. 당신은 어떤 운동을 즐기는가? 어떤 운동을 하고 싶은가? 어떤 운동이 가장 잘 맞는가?

10 재미를 즐겨라! 격정적으로!

어린 시절에 즐거움을 안긴 일들을 떠올려서 지금 당신의 삶에 되살려라. 당신이 하는 모든 일에서 재미를 느낄 방법을 찾아라. 삶의 기쁨을 표현하라. 미소를 지어라. 웃음을 터트려라. 기뻐하라!

11 나를 사랑하라, 바로 지금.

몸이 나아지거나, 살이 빠지거나, 새 직장을 구하거나, 새로운 관계를 맺을 때까지 기다리지 마라. 지금 나 자신을 사랑하기 시작하라. 그리고 할 수 있는 최선을 다하라.

12 미러 워크를 하라.

자주 나의 눈을 들여다보라. 날로 자신을 더욱 사랑하는 마음을 표현하라. 거울을 바라보며 나 자신을 위로하고 사랑하라.

옮긴이 김태훈
중앙대학교 문예창작과를 졸업하고 현재 번역 에이전시 엔터스코리아에서 전문 번역가로 활동하고 있다. 옮긴 책으로 《어떻게 원하는 것을 얻는가》《그 개는 무엇을 보았나》《스티브 잡스 프레젠테이션의 비밀》《달러제국의 몰락》《야성적 충동》《욕망의 경제학》《프리덤 라이터스 다이어리》《최고의 설득》《딥 워크》외 다수가 있다.

미러

초판 1쇄 발행 2019년 12월 24일
초판 9쇄 발행 2022년 9월 14일

지은이 루이스 L. 헤이
펴낸이 정덕식, 김재현
펴낸곳 (주)센시오

출판등록 2009년 10월 14일 제300-2009-126호
주소 서울특별시 마포구 성암로 189, 1711호
전화 02-734-0981
팩스 02-333-0081
메일 sensio@sensiobook.com

디자인 Design IF

ISBN 979-11-90356-17-6 03190

소중한 원고를 기다립니다. sensio@sensiobook.com